マクロ経済学

石橋春男・関谷喜三郎 [著]

創成社

はしがき
Preface

マクロ経済学の基本を平易に解説

　本書は，スタンダードなマクロ経済学の入門書であり，経済学部の学生はもとより，商学部，経営学部，法学部など文系の学生がはじめて経済学を学ぶ場合にも理解できるように，全体の内容が平易に解説されています。

　マクロ経済学のコアとなる国民所得決定論を中心にして，貨幣市場の分析，$IS-LM$分析，総需要・総供給分析といった現代マクロ経済学の重要な分析用具についての説明が体系的に展開されており，経済学をはじめて学ぶ学生に基本的内容が無理なく理解できるように工夫されています。

一目でわかる図解

　本書の特徴のひとつは，すべての章において，そこで説明される内容に沿ってわかりやすい図解が付けられているということです。マクロ経済学の内容は図を用いて表されるケースが多くありますが，とくに初学者にとっては図の理解が難しいという場合が少なくありません。本書では，図のなかにポイントとなる内容が漫画の吹出しのような形で簡潔に表現されており，それによって一目で図の内容がわかるようになっています。これによって，図の説明に親近感をもってくれることを期待しています。

「そうなんだ！」コーナーで納得！

　各章の最後に，「そうなんだ！」というコーナーが設けられています。一般に，テキストで用いられる用語や項目のなかには，すでにわかっているものとして内容や意味が説明されずに使用されている場合があります。しかし，そう

したもののなかに，実は意味がよくわからないが，今さら人に聞けないといったものがよくあります。「そうなんだ！」コーナーでは，そうした事柄を選んでその内容を平易に解説しています。これをきっかけにマクロ経済学への関心が深まることを期待しています。

演習問題による理解度チェック

　各章末に，演習問題が付けてあります。マクロ経済学では，国民所得の大きさが500兆円という大きさで示されたり，失業率が5％というように表示されることからもわかりますように，さまざまな内容を数値によって表したり，その数値を求めたりします。また，公務員試験をはじめとして，各種の資格試験で出題されるマクロ経済学の問題も，そのほとんどが数値例の形式をとっています。

　しかしながら，数学が不得意な学生にとって数値例の問題はときとしてマクロ経済学の学習意欲を失わせる要因となる場合があります。こうした状況を考慮して，本書では，たとえ数学が苦手な学生にとっても十分に理解できるように，演習問題にきわめてわかりやすい解説を付けています。各章末の演習問題を通じて数値例に関する苦手意識が払拭できるものと確信しています。

　最後に，このような形式のマクロ経済学の入門書を執筆する機会を与えてくださった創成社の塚田尚寛氏に心からお礼申し上げます。また，本書の企画から編集まですべての面でご尽力いただいた出版部の西田徹氏には深く感謝する次第です。

平成19年3月30日

石橋春男・関谷喜三郎

目 次
CONTENTS

はしがき

第1部　経済循環と国民所得

1 経済循環とGDP ——————————————— 1
　　① 経済循環と国民経済　1
　　② 国内総生産（GDP）　2
　　③ GDP統計の原則　4
　　④ 三面等価の原則　6
　　⑤ 国内純生産（NDP）　8
　　⑥ 国民総生産（GNP）　8
　　⑦ 国民総所得（GNI）　9

2 国民所得の分配と処分 ——————————— 12
　　① 分配面からみたGDP　12
　　② 国民総所得（GNI）と国民所得（NI）　13
　　③ 可処分所得　14
　　④ GDPの処分　15

3 国内総支出 ——————————————————— 18
　　① 国内総支出　18

- ② 総需要と国民所得　19
- ③ 寄与度・寄与率　19
- ④ 貯蓄・投資バランスと財政収支・経常収支　21

4 名目GDPと実質GDP ———— 24
- ① 名目値と実質値　24
- ② GDPデフレーター　24
- ③ インプリシット・デフレーター　26
- ④ ラスパイレス指数　27

5 産業連関表 ———— 30
- ① 産業連関表　30
- ② 投入係数　32

第2部　GDPの決定

6 国民所得の均衡 ———— 37
- ① 総需要と総供給　37
- ② 在庫の変動による調整　38
- ③ 有効需要の原理　39

7 均衡国民所得の決定 ———— 42
- ① 消費需要　42
- ② 消費関数と貯蓄関数　44
- ③ 所得決定の総需要アプローチ　46
- ④ 所得決定の貯蓄・投資アプローチ　47
- ⑤ 乗数理論　48

8 財政活動と国民所得 —————————————— 54

1. インフレ・ギャップとデフレ・ギャップ　54
2. 財政活動と均衡所得水準の決定　55
3. 均衡予算乗数の定理　58
4. 税率と均衡国民所得　59
5. ビルトイン・スタビライザー　60

9 開放体系における国民所得決定 ————————— 64

1. 開放体系下の所得決定　64
2. 輸入誘発効果　67
3. 輸出と経常収支　68
4. 政府支出と経常収支　69
5. 貯蓄・投資バランスと経常収支　70

10 消費関数の理論 ———————————————— 73

1. 所得決定と消費関数　73
2. 相対所得仮説　74
3. 恒常所得仮説　75
4. ライフ・サイクル仮説　77

11 投資決定の理論 ———————————————— 81

1. ケインズの投資決定論　81
2. 加速度原理　84
3. 資本ストック調整原理　85
4. トービンの q 理論　85

第3部　貨幣市場の分析

12　貨幣供給 ———————————————— 89
　1　貨幣の機能　89
　2　マネー・サプライの範囲　90
　3　現金通貨の供給と預金通貨の供給　91
　4　金融部門勘定とマネー・サプライ　93
　5　マネー乗数アプローチ　99

13　日本銀行の金融調節 ———————————— 105
　1　準備預金の変動要因　105
　2　資金需給式　106
　3　日本銀行の金融調節　107
　4　準備預金の積み進捗率の調節　107
　5　日本銀行当座預金増減要因　108

14　貨幣需要の理論 ————————————— 111
　1　貨幣数量説　111
　2　流動性選好理論　112
　3　流動性選好と利子率　113
　4　利子率決定論　116

15　マクロ経済と資金循環 ———————————— 122
　1　資金循環構造　122
　2　資金循環表　124

第4部　GDPと利子率

16　IS−LM分析 ——————————— 129
1. IS曲線　129
2. LM曲線　133
3. 財市場と貨幣市場の同時均衡　137
4. 均衡に至る調節過程　138
5. IS−LM曲線の特殊なケース　141

17　財政政策の効果 ——————————— 145
1. 財政政策の効果　145
2. 財政政策の有効性　148
3. 財政赤字の問題点　152

18　金融政策の効果 ——————————— 156
1. 金融政策の効果　156
2. 金融政策が無効となるケース　158
3. 物価の変化と国民所得　160
4. 安定化政策としての金融政策　162

第5部　物価と雇用

19　総需要関数・総供給関数 ——————————— 169
1. 総需要曲線　169
2. 総供給曲線　171
3. 実質GDPと物価水準の同時決定　173

20 インフレーションとデフレーション ——— 177

 1 インフレーションの分析　177
 2 デフレーションの分析　178
 3 財政・金融政策とインフレーション　181

21 所得・物価・雇用 ——— 185

 1 フィリップス曲線　185
 2 フィリップス曲線の理論構造　186
 3 フィリップス曲線と自然失業率仮説　191

索　引　197

第1部　経済循環と国民所得

1　経済循環とGDP

① 経済循環と国民経済

　マクロ経済学は経済活動を国民経済全体として分析しようとするものですが，その出発点として，まず，国民経済を構成する経済主体の分類と各主体の循環的な結び付きについてみていきます。

▌経済主体　　経済社会の構成員，言い換えれば，一国の経済活動の担い手を**経済主体**といいます。経済主体は，大きく分けて，**家計，企業，政府**からなっています。

　家計は，土地，労働，資本といった生産要素を企業に提供し，その報酬として地代，賃金，利子などの**要素所得**を得ます。家計は要素所得から政府に所得税や社会保険料を支払った後の可処分所得で，必要な財やサービスを企業から購入し，残りを貯蓄します。

　企業は，家計から生産要素の提供を受け，それに対して要素所得を支払い，生産活動を営みます。同時に企業は，他の企業から原材料や燃料などの中間生産物を購入します。そして企業は，生産物の総売上高のなかから中間生産物や生産要素の代金を支払った後の利益から政府に法人税を支払い，残りを内部留保として企業内に保有し，投資支出に利用します。投資資金が不足する場合には金融機関から借りたり，株式や社債を発行して資金を調達します。

　最後に，政府は家計や企業から租税を徴収し，あるいは公債を発行して活動

資金を募り，公共財や各種の政府サービスを提供します。

■ **経済循環**　以上のように，各経済主体は，一方で"金"の流れ，また他方で財・サービスといった"モノ"の流れを通じて互いに関連し合って経済活動を営んでいます。これを図で示すと，一国の**経済循環**を簡略的にとらえることができます（図1－1）。

図1－1　経済循環

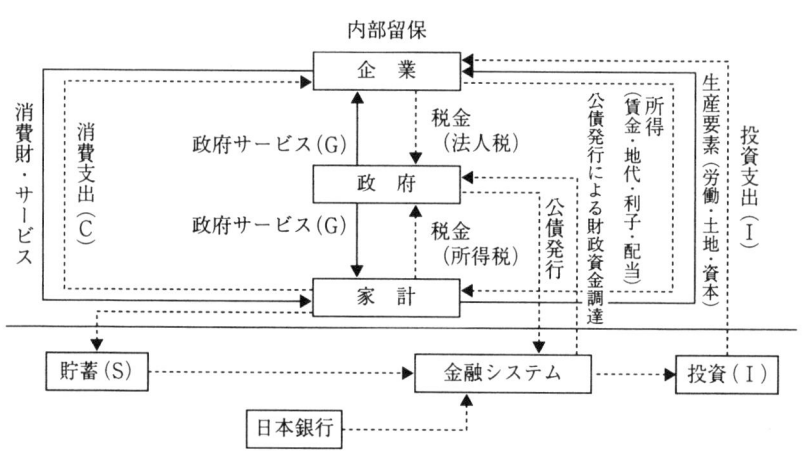

2　国内総生産（GDP）

マクロ経済学は，一国経済の動きを全体としてとらえて，その活動がどうなっているかを解明しようとするものですが，その場合に基本となる指標が国内総生産です。

■ **国内総生産**　国民経済によって1年間に新たに生み出された財・サービスの合計を，**国内総生産**（**GDP**：Gross Domestic Product）といいます。

GDPは，あらゆる産業の生産活動の成果を合計したものと考えることがで

きますが，各企業の生産額を単純に合計した総生産額はその期間に新たに生み出された正味の生産額にはなりません。なぜなら，そこには各企業が他の企業から購入して生産活動に使った中間生産物の値が含まれているからです。そこで，GDPを計算するには総生産額から中間生産物額を差し引く必要があります。すなわち，

国内総生産（GDP）＝総生産額－中間生産物額

となります。

▌**付加価値**　各産業の生産額から中間生産物額を差し引いたものを粗付加価値といいます。ゆえに，GDPは粗付加価値の合計のことです。このことを理解するために，農業，パン製造業，およびパン販売業の3部門からなる国民経済を想定しましょう（図1-2）。

農業部門では，1年間に5億円の小麦を生産し，それをパン製造業に売却するとします。農業部門から5億円の小麦を購入したパン製造業では1年間に8

図1-2　GDPは各産業の付加価値の合計

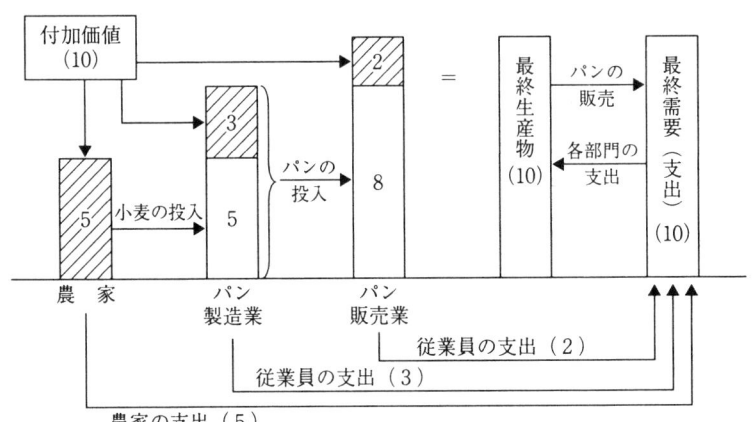

億円のパンを生産し，それをパン販売業に売却するとします。さらに，パン販売業では10億円分のパンを消費者に販売するとしましょう。

以上のことから，この国の総生産額を求めてみると，

　　　総生産額＝5億円＋8億円＋10億円＝23億円

となります。ただし，パン製造業とパン販売業の生産額のなかには原材料として購入した中間生産物の値が入っていますので，粗付加価値を求めるにはその分を差し引く必要があります。

ここでの例では，農業部門の粗付加価値は5億円，パン製造業では8億円－5億円＝3億円，パン販売業では10億円－8億円＝2億円となります。したがって，この経済のGDPは，

　　　GDP（粗付加価値の合計）＝5億円＋3億円＋2億円＝10億円

となります。

これは，各産業が新たに生み出した財・サービスの合計ですから，まさに国内総生産にあたります。

3　GDP統計の原則

　GDPは1年間に新たに生み出された財・サービスの総額をとらえようとするものですが，GDPを算出する場合にはいくつかの原則があります。

▌市場で取引された財・サービスのみを計上　　GDPは原則として市場で取引される財・サービスに限られます。したがって，たとえば家庭における家事や育児は主婦の家事労働サービスの価値を生み出しますが，GDPには計上されません。それは，主婦の家事労働が市場で取引されないためです。

▌市場価格表示　　GDPは市場価格表示の国民所得といわれます。市場価格で示された生産物の価格のなかには，企業が政府に支払う間接税が入っていますので，GDPのなかには間接税が含まれていることになります。

■ **新たに生産された財・サービスのみを計上**　GDPは，市場で取引されたものの合計ですが，市場での取引にはその年に生み出された財・サービスの取引だけでなく，土地や株式，債券，絵画といった資産の売買もあります。住宅についても，中古住宅の取引はここでいう資産の取引に入ります。

　GDPはその年に新たに生み出された財・サービスのみを対象としていますので，土地，株式，中古住宅といった資産の取引が行われても，取引された資産の価値そのものは計上されません。

　たとえば，1億円の土地が売買され，その取引を仲介した不動産会社に1割の手数料が支払われたとしますと，この取引から生み出されたGDPは，仲介手数料の1,000万円だけであり，売買された土地の価格1億円は計上されません。株式や債券の売買も同様であり，株式が何千億円売買されたとしても，その取引で新たに生み出された生産額は，金融機関や証券会社の金融仲介サービスだけということになります。もちろん，保有資産が生み出すキャピタル・ゲインなどもGDPには計上されません。

■ **付加価値を計上**　生産され，市場で取引されるものがGDPに計上されますが，取引された金額がすべて計上されるわけではありません。生産には原材料が必要であり，それも市場で取引されます。しかし，GDPに計上されるのは，各産業の生産額から原材料などの中間生産物額を差し引いた付加価値だけです。

　このように，原材料などの取引は除外されますので，結果として，GDPには図1－2に示されるように，最終生産物の大きさのみが計上されることになります。

■ **帰属計算**　GDPは市場価格で表示されるため，原則として市場を経由しない財・サービスの価値はGDPに計上されません。しかし，そこには例外があります。その一つが**帰属計算**といわれるものです。これは，実際には市場で取引されないにもかかわらず，あたかもそれが市場で取引されたかのように想

定して，GDPに計上するものです。

　具体的な例としては，第1に，農家の生産物の自家消費分や持家の帰属家賃があります。借家の家賃が住宅サービスの生産としてGDPに計上されるのと同様に，持家についても自分の家を自分に貸しているという擬制(ぎせい)を行うことによって，その家賃に相当するものを国民所得勘定に計上しています。また，会社が社員に与える現物給与などもGDPに計上されます。

政府・対家計民間非営利サービス　市場で取引されない財・サービスのうちGDPに計上されるものとして，帰属計算以外に政府サービス（このなかには，行政機関，国公立学校，医療機関などが入ります）および対家計民間非営利団体（主に家計にサービスを提供する民間非営利団体であり，宗教団体，政党，労働組合，私立学校などが入ります）の提供するサービスがあります。

　これらは，社会的に広範囲に供給されていますが，市場で取引されないため，その価値は不明です。たとえば，政府サービスはその大半が無償で社会全体に供給されています。そこで，こうしたサービスの価額は人件費などの生産コストに基づいて計算されます。

4　三面等価の原則

分配国民所得　このように，経済活動の成果を生産面からみますと，これを国内総生産として表すことができます。次に，この生産の成果は所得として人々に分配されますので，これを分配面からみることができます。

　このことは，前述の3部門の例を用いて確認することができます。各産業に分配される所得をみますと，まず農業部門は小麦の売却によって5億円の所得を得ます。次に，パン製造部門は8億円のパンの売上から農業部門に小麦代金を5億円支払い，その差額として3億円の所得を得ます。パン販売業はパンの販売代金10億円とパン購入代金8億円の差として2億円の所得を得ています。10億円のうちの8億円はパン製造部門に支払われます。

このように，一国経済の活動を分配面からみることができます。これが**分配国民所得**です。この例では，分配面からみた国民所得の大きさは10億円であり，粗付加価値の合計と等しくなります。

支出国民所得　前述の3部門からなる簡単なモデルにおいて，パン販売業を通じて売られるパンは，**最終財**といわれます。これは，もはや原料として次の生産に用いられることのない財であり，それに対する支出は**最終需要**とよばれます。

先のモデルでは，最終財は3部門によってすべて消費されると想定されていますが，各部門の最終財への支出をみると，農業部門はパンを5億円購入して消費しており，パン製造業は3億円のパンを，パン販売業は2億円のパンを購入して消費しています。したがって，最終財への支出である最終需要を合計すると10億円になります。これが，支出面からみた国民所得です。この最終需要の合計を**国内総支出**（**GDE**：Gross Domestic Expenditure）といいます。

三面等価の原則　図1−3に示されるように，GDPは生産面，分配面，支出面のいずれからとらえても10億円です。すなわち，各産業の付加価値の合計が国内総生産であり，分配国民所得は，生み出された生産の純成果である付加価値が，その付加価値を生み出した貢献度に応じて分配されたものです。さらに，それは最終財（最終需要）の合計である国内総支出に等しくなります。これを**三面等価の原則**といいます。すなわち，国民経済は生産活動によって新たに付加価値が生み出され，それが所得として分配され，さらに国内総支出と

図1−3　三面等価の原則

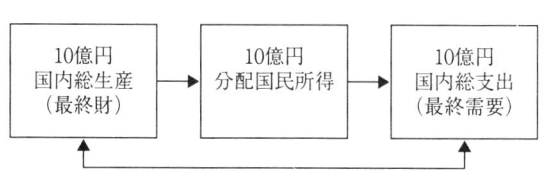

して処分されるということです。

　もちろん，このモデルは最も単純なものであり，生産されたものがすべて消費されると仮定していますので，最終需要は消費需要のみで，投資需要は含まれていません。貯蓄もゼロです。また，外国貿易や政府の活動も含まれていません。国民経済の活動は，生産・分配・支出の3つの面からとらえることができますが，現実の経済活動を記述する場合には，各々3つの側面とも，より具体的な内容をもつことになります。

5　国内純生産（NDP）

　国内総生産は1年間に新たに生み出された価値の合計ですが，経済活動に伴って，価値の消耗も発生します。たとえば，工場の機械や設備は年々磨耗してしまいます。このような観点に立って，価値の減耗すなわち固定資本減耗を国内総生産から差し引くと，国民経済が生み出した正味の価値の合計である**国内純生産**（NDP：Net Domestic Product）を求めることができます。すなわち，

　　国内純生産（NDP）＝国内総生産－固定資本減耗
　　　　　　　　　　　＝粗付加価値の合計－固定資本減耗

となります。

　固定資本減耗を含めた付加価値が粗付加価値とよばれるのに対して，固定資本減耗を除いた付加価値は，**純付加価値**とよばれます。

6　国民総生産（GNP）

　経済活動の成果を表す指標として，GDPのほかに**国民総生産**（GNP：Gross National Product）があります。

　GNPとGDPの違いは，GNPが国内，海外を問わず，その国の国民がつくりだした所得の大きさを表すのに対し，GDPはその国の居住者か否かにかかわ

らず，国内領土で生産活動を行うすべての経済主体が生み出す所得です。それゆえ，両者の関係は次のように示すことができます。

GNP＝GDP＋海外からの要素所得－海外への要素所得

これまで長い間にわたって，国民経済の大きさを表す指標としてはGNPが使われてきました。なぜなら日本の場合，従来はGNPとGDPの差が1％に満たなかったために，両者を区別する実際上の意味があまりなかったからです。しかし，国際化の進展に伴って，海外からの要素所得が増加したため，GNPとGDPに大きな格差が生まれました。それゆえ，短期的な景気指標としてはGNPよりも国内の生産活動水準を示すGDPに注目する必要性が高くなりました。

こうした状況を反映して，内閣府（旧経済企画庁）は1991年7～9月期の国民所得統計速報の発表を機に，景気指標としてGNPに代えてGDPで表示する方式に切り換えています。

7 国民総所得（GNI）

日本社会は少子・高齢化を迎え，労働人口が減少していることから，GDPベースでみた場合，今後高成長は期待できない状況にあります。一方，わが国の対外資産から得られる利子や配当は増加しています。ここから，再びGNPの動きが注目されるようになりました。そこで，2000年から国民総生産（GNP）を**国民総所得**（GNI：Gross National Income）と名称変更し，GNIを重視する方向が打ち出されました。

GNIは国内で生産された付加価値の総額であるGDP（国内総生産）に海外からの所得を加え，海外に対する所得を引いた差額（海外からの所得の純受取）を加えることによって求められますので，内容としてはGNPと同じです。

10　第1部　経済循環と国民所得

そうなんだ！

帰属家賃はGDPの10％！

　持ち家を自分に貸したとみなす「帰属家賃」は，GDPのなかで民間最終消費支出の項目に算入されています。その金額は，賃貸住宅の賃料をもとに住宅面積を掛け合わせて推計されます。したがって，賃貸住宅の家賃が上がったり，住宅の着工件数が増えれば，帰属家賃の金額も増加します。現在，帰属家賃の金額はGDPの約10％に達しています。

　持ち家の場合，実際に家賃の受け渡しはありませんので，規模の大きい帰属家賃はGDPを実態より大きく見せてしまうことになります。また，賃貸の家賃には課税されていますが，帰属家賃には課税されていないために不公平が生じているという指摘もあります。

演　習

〔設問〕次の説明文のうち正しいのはどれか。
(1)　GDPから中間投入を差し引いたものがNDPである。
(2)　粗付加価値と純付加価値の差は固定資本減耗である。
(3)　純付加価値は生産総額から中間投入を差し引いたものである。
(4)　GDPは市場価格表示であるが，NDPは要素費用表示である。

【解答・解説】

《(2)が正解》
(1)　NDPはGDPから固定資本減耗を差し引いたものであり，中間投入ではない。
(2)　正しい。粗付加価値はGDPであり，純付加価値はNDPである。ゆえに，両者の差が固定資本減耗となる。
(3)　生産総額から中間投入を差し引いたものは，粗付加価値，つまりGDPで

あり，純付加価値（NDP）ではない。
(4) GDPとNDPはともに市場価格表示の国民所得である。要素費用表示の国民所得とは，NDPから（間接税－補助金）を差し引いた値である。

2 国民所得の分配と処分

1 分配面からみたGDP

　一国の経済活動の成果は各経済主体の間に所得として分配されます。しかし，国内総生産（GDP）のすべてが国民の間に分配されるわけではありません。第1に，固定資本の価値の減耗分にあたる固定資本減耗分は人々の所得にはなりません。また，GDPに含まれる間接税も所得にはなりません。他方，政府からの補助金は人々の所得となりますので，加算されることになります。

　そこで，まず経済活動の成果であるGDPを分配面からみますと，次のように表すことができます。

　GDP＝雇用者報酬＋営業余剰・混合所得＋固定資本減耗＋間接税－補助金

▌雇用者報酬　　これらの項目のうち，**雇用者報酬**とは，労働の提供者に対する分配額です。ここでの雇用者は，政府サービスや対家計民間非営利団体も含めたすべての生産活動に従事する者のうち，個人事業主と無給の家族労働者を除いたものです。

▌営業余剰・混合所得　　これは，労働以外の生産要素の提供に対し分配される部分であり，企業の営業活動の貢献分とみなされるものです。

　営業余剰・混合所得はさらに2つに分けられます。このうち，土地や資本および資金などの生産要素の提供者に分配される要素所得である地代，利子，配当などは，**財産所得**とよばれます。また，企業が総生産額から中間投入額，雇用者報酬を支払って残った分は，**企業所得**として企業が受け取ります。企業所得は法人貯蓄や法人税の支払いにあてられます。

■ **固定資本減耗**　これは，生産の過程で機械や設備が減耗してしまうために，それを代替するために計上される費用の部分です。企業会計上の減価償却引当金に相当するものです。

■ **間接税・補助金**　**間接税**は，財・サービスの生産・販売に際して生産者に課税されるもので，その分が市場価格に含まれるものです。その負担は，最終財の購入者に転嫁されます。間接税の例としては，消費税，酒税，関税などがあります。**補助金**は，政府から産業に対して一方的に給付されるものです。補助金によって，その額だけ市場価格が低められるため，負の間接税として控除項目として取り扱われます。

2　国民総所得（GNI）と国民所得（NI）

■ **国民所得（NI）**　国内の生産活動の成果を分配面からみると，上記のような項目に分類されますが，わが国の対外資産から得られる利子や配当も加えると国民の間に分配される所得の総額は前章の最後に示したように次のようになります。

　国民総所得（GNI）＝雇用者報酬＋営業余剰・混合所得＋固定資本減耗
　　　　　　　　　　＋間接税－補助金＋海外からの純要素所得

ただし，これらがすべて国民に所得として分配されるわけではありません。国民に分配される所得は次の部分です。

　国民所得（NI）＝雇用者報酬＋営業余剰・混合所得＋海外からの純要素所得

この**国民所得**（NI：National Income）は，狭義の国民所得，あるいは本来の意味の国民所得といわれます。さらに，国民所得（NI）のうち，営業余剰・混合所得は**財産所得**と**企業所得**に分けられますので，

国民所得（NI）＝雇用者報酬＋財産所得＋企業所得＋海外からの純要素所得

という関係が導き出されます。ここから，国民所得（NI）は，各経済主体がそれぞれ提供した生産要素に対して支払われた所得の合計であることがわかります。それゆえ，この所得は**要素費用表示の国民所得**とよばれます。

3 可処分所得

個人所得　　国民所得（NI）は，企業サイドからみた分配分とみることができます。これに対して，家計の面からとらえた国民所得の分配分は，**個人所得**（PI：Personal Income）といいます。個人所得とは，国民所得から企業の内部留保（純法人貯蓄）と法人税，社会保険料負担金を控除し，政府からの移転支出を加えたものに等しくなります。すなわち，

個人所得（PI）＝国民所得（NI）－純法人貯蓄－法人税
　　　　　　　－社会保険料負担金＋移転支出

ということになります。ここで，政府の移転支出とは，対価を伴わない政府の支出であり，年金や恩給，公債などの利払い，生活保護などが含まれます。

可処分所得　　個人所得から所得税などの直接税を控除した値は**可処分所得**（DI：Disposable Income）とよばれます。すなわち，

可処分所得（DI）＝個人所得－直接税

となります。可処分所得は，家計が実際に消費や貯蓄などに振り向けることができる所得の大きさを表しています。つまり，

可処分所得（DI）＝個人消費＋個人貯蓄

ということです。

これまでの説明をまとめますと，図2−1のようになります。

図2−1　国民所得の概念

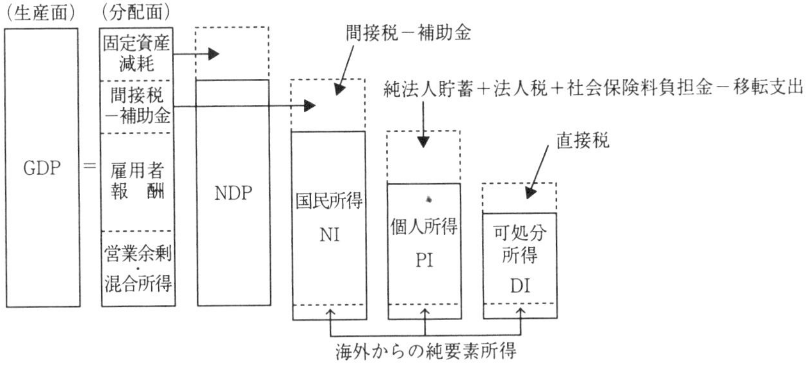

```
(生産面)  (分配面)
          ┌──────┐
          │固定資産│        間接税−補助金
          │減耗　　│            ↓
          ├──────┤    ┌──┐    純法人貯蓄＋法人税＋社会保険料負担金−移転支出
          │間接税　│    │　│            ↓
          │−補助金│ →  │　│     ┌──┐
  ┌──┐  ├──────┤    │　│     │　│        直接税
  │    │  │        │    │　│     │　│         ↓
  │GDP │＝│雇用者  │    │NDP│     │国民│     ┌──┐
  │    │  │報　酬  │    │　│     │所得│     │個人│     ┌──┐
  │    │  │        │    │　│     │NI │     │所得│     │可処分│
  │    │  ├──────┤    │　│     │　│     │PI │     │所得　│
  │    │  │営業余剰│    │　│     │　│     │　│     │DI　　│
  │    │  │混合所得│    │　│     │　│     │　│     │　　　│
  └──┘  └──────┘    └──┘     └──┘     └──┘     └──┘
                                          ↑
                                   海外からの純要素所得
```

4　GDPの処分

次に，分配面からみたGDPがどのような形で処分されるかをみておきます。分配されたもののうち，

雇用者報酬＝個人消費＋個人貯蓄＋直接税
営業余剰・混合所得＝個人消費＋個人貯蓄＋純法人貯蓄＋法人税＋直接税

となります。これをもとにして消費（個人消費）をC，貯蓄（個人貯蓄＋法人貯蓄＋固定資本減耗）をS，税金（直接税＋法人税＋純間接税）をTとすると，

$$GDP = C + S + T$$

と表すことができます。

国民所得（NI）には2つの意味がある？

国民所得（NI）には二種類あることに注意が必要です。

まず，GNIから固定資本減耗を控除したものが「市場価格表示の国民所得」です。さらに，市場価格表示の国民所得から純間接税（生産・輸入品に課せられる税から政府からの補助金を引いた額）を控除したのが「要素費用表示の国民所得」です。要素費用表示の国民所得は雇用者報酬，財産所得，企業所得からなっています。

2004年度（単位：兆円）

GDP（国内総生産）	493
海外からの要素所得	13
海外への要素所得（控除）	4
GNI（国民総所得）	502
固定資本減耗	103
市場価格表示のNI	399
純間接税	38
要素費用表示のNI	361
雇用者報酬	255
財産所得	10
企業所得	96

演習

〔設問〕国内総生産GDP＝300，雇用者報酬＝130，営業余剰・混合所得＝90，間接税＝50，補助金＝20であるとき，固定資本減耗はいくらになるか。また，国内純生産NDPはいくらになるか。あてはまる数値の組合せとして，適切なものはどれか。

(1) 固定資本減耗：50　NDP：250
(2) 固定資本減耗：50　NDP：270

(3)　固定資本減耗：80　NDP：230
(4)　固定資本減耗：80　NDP：250

【解答・解説】

《正解は(1)》

　三面等価の原則にしたがって，生産面からみた国内総生産＝分配面からみた国内総生産となるので，

　　GDP＝雇用者報酬＋営業余剰・混合所得＋固定資本減耗＋間接税－補助金

より，

　　300＝130＋90＋固定資本減耗＋50－20

となる。ゆえに，固定資本減耗は50となる。よって，

　　NDP＝GDP－固定資本減耗

から，NDP＝250となる。

3 国内総支出

1 国内総支出

三面等価の原則にしたがってGDPを支出面からみることができます。支出面からみたGDPを**国内総支出**（**GDE**：Gross Domestic Expenditure）といいます。国内総支出は，国民経済計算体系において，次の4つの項目に分けることができます。

（1）**民間消費**　国民経済計算では，民間最終消費支出と表示されるものです。この民間消費は支出全体の約6割を占めていますので，総需要を構成する重要な項目といえます。

（2）**民間投資**　民間投資は3つの投資から構成されています。①工場や機械設備などへの支出からなる設備投資，②住宅建設への支出である住宅投資（これには，家計による住宅建設への支出も含まれます），③原材料，仕掛品，製品などの在庫品増加，がそれです。

（3）**政府支出**　政府の支出は，①政府最終消費支出，②公共投資などの公的固定資本形成，③政府関係の企業による公的在庫品増加，の3つがあります。

（4）**輸出－輸入**　輸出は外国からの国内商品への需要ですが，輸入は逆に国内の外国商品への需要です。

2 総需要と国民所得

GDPを支出面からみると，上記のような内容となります。そこで，GDPをY，民間消費をC，民間投資（民間住宅投資＋民間設備投資＋民間在庫増加）をI，政府支出（政府最終消費支出＋公的固定資本形成＋公的在庫品増加）をG，輸出をEX，輸入をIMとすると，

$$Y = C + I + G + EX - IM$$

となります。

上式の右辺は国内総支出の内容を表していますが，そのうち，$C+I+G$は国内の支出の大きさを表しますので，これを**内需**（国内需要）とよびます。他方，$EX-IM$は純輸出の大きさですが，これは海外からの需要の大きさを表しているので，**外需**（海外需要）とよばれます。この内需と外需の合計が国内における総需要にあたります。

国民所得決定論のところで詳しく述べることになりますが，国民所得Yの水準は総需要の大きさによって決まりますので，一国の国民所得の水準は，国内総支出（GDE）の大きさに依存することになります。

3 寄与度・寄与率

GDPの成長は，国内総支出（GDE）を構成する需要項目に依存しますが，各項目ともその時の経済状況によって好調なものと不調なものとがあります。それゆえ，各需要の伸びが経済成長に寄与する度合は状況に応じて異なっています。この度合を示す指標には2つのものがあります。

一つは，各需要項目がGDPの増加率（成長率）を何ポイント押し上げたかを示す**寄与度**です。各項目の寄与度を合計すれば経済成長率に一致します。

もう一つは，GDPの増加額のうち，各需要項目がどれだけ占めているかをパーセントで示したものであり，**寄与率**といいます。各項目の寄与率を合計す

ると100％になります。

寄与度・寄与率　寄与度と寄与率のそれぞれの数値は次のような計算式で示すことができます。

$$寄与度 = \frac{ある構成要素の増減}{前期（前年）の統計数値全体} \times 100$$

$$寄与率 = \frac{ある構成要素の増減}{統計数値全体の増減} \times 100$$

たとえば，国内総支出が消費と投資だけからなる単純な経済を想定し，右下のようなデータが与えられたとしますと，今期の国内総生産の成長率に対する消費と投資の寄与度と寄与率は，次のように計算することができます。

〈成長率〉

$$成長率 = \frac{1{,}200 - 1{,}000}{1{,}000} \times 100 = 20\%$$

	前　期	今　期
消　費	800	950
投　資	200	250
国内総生産	1,000	1,200

〈寄与度〉

$$消費の寄与度 = \frac{950 - 800}{1{,}000} \times 100 = 15\%$$

$$投資の寄与度 = \frac{250 - 200}{1{,}000} \times 100 = 5\%$$

〈寄与率〉

$$消費の寄与度 = \frac{950 - 800}{1{,}200 - 1{,}000} \times 100 = 75\%$$

$$投資の寄与率 = \frac{250 - 200}{1{,}200 - 1{,}000} \times 100 = 25\%$$

この例でわかりますように，消費と投資の寄与度を合計しますと，この経済の今期の成長率20％に等しくなります。また，両者の寄与率を合計しますと100％になります。

4 貯蓄・投資バランスと財政収支・経常収支

これまで国民所得の大きさを生産・分配・支出の3つの面からみてきましたが，これら3つの関係を記号を使って表現すると，三面等価の原則により，

$$Y = C+S+T = C+I+G+EX-IM \quad \cdots\cdots ①$$
（生産面）（分配面）　（支出面）

となります。

こうして得られたマクロ経済のバランス式をもとにして，国内の貯蓄・投資バランスと財政支出および経常収支を関係づける次の式を導くことができます。

$$(S-I) = (G-T)+(EX-IM) \quad \cdots\cdots ②$$

①式自体は三面等価の原則に基づく国民所得の恒等関係を表すものにすぎませんが，②式のように変形することによって，民間部門の貯蓄・投資バランス$(S-I)$が政府部門の財政収支$(G-T)$と海外部門の経常収支$(EX-IM)$と密接な関係をもつことがわかります。

たとえば，わが国では，しばしば民間部門では貯蓄が投資を上回る貯蓄超過が発生しますが，一方で財政赤字と経常収支黒字が発生しています。こうした各部門のインバランスの関係も②式をベースにして解釈することができます。

在庫投資とは？

　ある期間に生産された製品は、最終的には販売されますが、必ずしもすべてがその期間中に販売されるとは限りません。期間中に販売されなかった製品は、新たな在庫として積み増しされることになります。これが在庫投資です。

　在庫投資の内容は、在庫がどのような形で保有されるかによって区別されます。完成品として販売されて売れ残ったものは、製品在庫とよばれます。その期間中には完成されず、製造工程にあるものも在庫になります。これは仕掛品在庫といわれます。製品を作るために仕入れられた部品など、原材料として保有されているものも在庫です。これは原材料在庫とよばれます。こうした在庫投資をすべての企業について合計したものが、国内総支出における在庫投資の大きさになります。

　在庫投資が総需要に占める割合は小さなものですが、景気に対応して大きく変動するために、景気循環の分析には重要な役割を果たしています。

演習

〔設問〕次のデータが与えられるとき、以下の問に答えなさい。

	4〜6月	7〜9月
民間最終消費支出	186,600	190,316
民間設備投資	78,320	84,033
国内総生産	340,561	350,520

（この資料は、実質国内総支出の推移を示す。単位は10億円。ただし、GDPを構成する消費と設備投資以外の項目は省略してある。）

(1) 7月〜9月期の実質GDP成長率は前期比何％か（成長率は小数点第1位まで求めよ）。

(2) 前問の成長率に関する(i)民間最終消費支出、および(ii)民間設備投資の寄

与度を計算しなさい（各値は小数点第1位まで求めよ）。

【解答・解説】

(1) 実質GNPの成長率は次の式で求められる。

$$\frac{\text{今期（7～9月）のGDP} - \text{前期（4～6月）のGDP}}{\text{前期（4～6月）の国内総生産（GDP）}} \times 100$$

ゆえに，7～9月の実質GDPの成長率は，

$$\frac{350{,}520 - 340{,}561}{340{,}561} \times 100 = 2.9 \,(\%)$$

(2) GNPの成長率に対する消費と設備投資の寄与度は次の式で求められる。

$$\frac{\text{今期（7～9月）の支出項目} - \text{前期（4～6月）の支出項目}}{\text{前期（4～6月）のGDP}} \times 100$$

ゆえに，

(i) 民間最終消費支出の寄与度は，

$$\frac{190{,}316 - 186{,}600}{340{,}561} \times 100 = 1.1 \,(\%)$$

(ii) 民間設備投資の寄与度は，

$$\frac{84{,}033 - 78{,}320}{340{,}561} \times 100 = 1.7 \,(\%)$$

なお，7～9月の実質GDPの成長は，消費と設備投資以外の支出項目にも依存しているので，この2つの寄与度を合計しても成長率の2.9％とは一致しない。

4 名目GDPと実質GDP

1 名目値と実質値

名目GDP　国内総生産が，その年に生産された財・サービスの数量と市場価格で表示されている場合には，これを**名目国内総生産**（名目GDP）とよびます。

つまり，名目GDPは，その年の市場価格を用いて表した国内総生産の大きさということです。

実質GDP　ところで，名目GDPは価格と数量からなっていますので，たとえ生産量に変化がなくても価格が上昇すると名目GDPの値が増加することになります。そこで，GDPの実質的な動き，すなわち生産量の変化に基づく生産額の変化をみるために，物価変動によるGDPの変化分を取り除いた形でGDPを表示する必要があります。それが**実質国内総生産**（実質GDP）です。実質GDPは，名目GDPを物価指数で割ることによって求められます。

なお，名目GDPは，測定時点の市場価格で表示されますので，**当年価格表示のGDP**といわれます。実質GDPはある特定時点の価格で評価されますので，**不変価格表示のGDP**といわれます。

2 GDPデフレーター

実質GDPは，名目GDPの値を**物価指数**で割ることによって求められます。この手続きを**物価指数でデフレートする**といいます。そして，そのときに用いられる物価指数を**GDPデフレーター**といいます。

パーシェ指数

この場合,GDPデフレーターには**パーシェ指数**とよばれる物価指数が使われます。このパーシェ指数とは,ある年を基準として今年購入している財・サービスをそっくりそのまま基準年次に買ったとしたら,それと比べて今年の時点でどれだけ余計に支払わなければならないかを示す指標です。この指数は次のように表すことができます[注]。

$$\frac{\sum p_i^t q_i^t}{\sum p_i^0 q_i^t} \times 100$$

GDPデフレーター

ここで,分子の $\sum p_i^t q_i^t$ は,今年 t 年の名目GDPを表しており,今年の各財・サービスの価格 p_i^t にそれぞれの数量 q_i^t を掛けたものです。分母は今年の実質GDPを表しています。これは,基準年を 0 年として,その年の価格 p_i^0 に今年 t 年の数量 q_i^t を掛けたものです。この式により,基準年と今年を比較して,物価水準がどれだけ上昇したかを示すことができます。たとえば,このパーシェ指数が130であったとすれば,基準年と今年の間で物価水準は30%上昇したと考えることができます。

これがGDPデフレーターであり,国内総生産を構成する財・サービスに関する一種の総合物価指数と考えることができます。そこで,このGDPデフレーターであるパーシェ指数で今年の名目GDP($\sum p_i^t q_i^t$)を割れば,実質GDPが得られることになります。

$$\frac{\sum p_i^t q_i^t}{\frac{\sum p_i^t q_i^t}{\sum p_i^0 q_i^t}} = \sum p_i^t q_i^t \cdot \frac{\sum p_i^0 q_i^t}{\sum p_i^t q_i^t} = \sum p_i^0 q_i^t$$

(注)たとえば,基準年が 0 年,比較年が t 年で,5つの商品からなる場合のパーシェ指数は,

$$\frac{p_1^t q_1^t + p_2^t q_2^t + p_3^t q_3^t + p_4^t q_4^t + p_5^t q_5^t}{p_1^0 q_1^t + p_2^0 q_2^t + p_3^0 q_3^t + p_4^0 q_4^t + p_5^0 q_5^t} \times 100$$

となります。

この式の右辺は，今年 t 年の数量を基準年（0年）の価格で評価して合計したものですから，不変価格表示のGDP，すなわち今年の実質GDPを意味することになります。

3 インプリシット・デフレーター

以上のように，名目GDPをパーシェ指数でデフレートすることによって実質GDPを求めることができますが，実際にはGDPデフレーターが先に計算されて，実質GDPの算定に明示的に使用されるわけではなく，デフレーター自体が実質GDPの定義のなかに暗黙のうちに含まれています。それゆえに，GDPデフレーターはインプリシット・デフレーターとよばれています。具体的には，次のようにしてGDPデフレーターを求めることができます。

まず，国内総支出を構成する消費 C，投資 I，政府支出 G，輸出 EX，輸入 IM を合計して当年価格表示の国内総生産を求めます。

$$名目GDP = C + I + G + EX - IM$$

次に，各項目のパーシェ指数 P_C, P_I, P_G, P_{EX}, P_{IM} を求め，この指数で各項目をデフレートして実質化し，それを合計することによって不変価格表示の国内総生産（実質GDP）を求めます。

$$実質GDP = \frac{C}{P_C} + \frac{I}{P_I} + \frac{G}{P_G} + \frac{EX}{P_{EX}} - \frac{IM}{P_{IM}}$$

こうして得られた実質GDPは，名目GDPをパーシェ指数でデフレートした値に等しくなりますので，逆に上で求めた実質GDPで名目GDPを割れば，国内総生産についてのパーシェ型総合物価指数を求めることができます。これがGDPデフレーターであり，次のように表すことができます。

$$GDPデフレーター = \frac{名目GDP}{実質GDP}$$

このように，各支出項目をそれぞれの物価指数で割って実質化し，それを集

計すると，それが結果的に国内総生産をパーシェ指数でデフレートした形になっています。このように，GDPデフレーターは結果として間接的に導出されるので，インプリシット・デフレーターとよばれています。

4 ラスパイレス指数

　物価指数には，パーシェ指数のほかに代表的なものとしてラスパイレス指数があります。これはパーシェ指数とは逆に，基準年次に買った財・サービスの数量をそっくりそのまま今年買うとしたら，どれだけ余計に支払わなければならないかを示すものです。これは，次のような形で示すことができます。

$$\frac{\sum p_i{}^t q_i{}^o}{\sum p_i{}^o q_i{}^o} \times 100$$

　この式で，分子は今年の価格$p_i{}^t$に基準時の数量$q_i{}^o$を掛けたものであり，分母は基準時の価格$p_i{}^o$に基準時の数量$q_i{}^o$を掛けたものです。

　このラスパイレス指数は，パーシェ指数と異なり各時点のウェートが基準時のウェートで固定されているため，算出が容易であるということから，各種の指数作成にあたり一般的に用いられています。たとえば，「消費者物価指数」，「企業物価指数」，「輸出入物価指数」などは，いずれもラスパイレス指数を用いて算出されています。

そうなんだ！

企業物価指数とは？

　企業間で取引される製品の価格を示す指数のことです。以前は「卸売物価指数」とよばれていました。出荷や卸売りなどに関するものの価格についての指数であり，いわば消費者物価指数の１段階前の価格の動きを示すものです。国内企業物価，輸出物価，輸入物価の３つから構成されています。企業物価指数は，景気回復期における物価変動の波及状態を知るのに役立ちます。日本銀行によって毎月発表されています。

　これに関連するものに，「企業向けサービス価格指数」があります。これはいわば企業物価指数のサービス版といったものであり，オフィス賃貸料や輸送料，電気代，広告料など企業間で取引されるサービスの価格の動きを示すものです。この値も景気の変動に影響を受けやすいので，景気変動に伴う物価の動きをみる場合に役立ちます。

演習

〔設問〕以下の表は基準年の価格（p_0）と数量（q_0），比較年の価格（p_t）と数量（q_t）を５つの商品について示したものである。これらのデータをもとに，①ラスパイレス式（P_L）による物価指数と②パーシェ式（P_P）による物価指数をそれぞれ求めなさい。

年 品目	基準年		比較年	
	p_0	q_0	p_t	q_t
豚　肉	120	150	150	175
ハ　ム	180	36	200	42
卵	45	125	60	126
米	42	340	55	320
味　噌	20	24	22	26
合　計	407	675	487	689

【解答・解説】

上の表から，ラスパイレス式とパーシェ式の物価指数で用いられる p_oq_o, p_oq_t, p_tq_o, p_tq_t を計算すると以下のようになる。

年＼品目	基準年 p_0	基準年 q_0	比較年 p_t	比較年 q_t	p_0q_0	p_0q_t	p_tq_0	p_tq_t
豚 肉	120	150	150	175	18,000	21,000	22,500	26,250
ハ ム	180	36	200	42	6,480	7,560	7,200	8,400
卵	45	125	60	126	5,625	5,670	7,500	7,560
米	42	340	55	320	14,280	13,440	18,700	17,600
味 噌	20	24	22	26	480	520	528	572
合 計	407	675	487	689	44,865	48,190	56,428	60,382

上の表を用いて，ラスパイレス式による物価指数とパーシェ式による物価指数を求めると，

① ラスパイレス式 (P_L)

$$\frac{\sum p_t q_o}{\sum p_o q_o} \times 100 = \frac{56,428}{44,865} \times 100 = 125.8 \ (\%)$$

② パーシェ式 (P_P)

$$\frac{\sum p_t q_t}{\sum p_o q_t} \times 100 = \frac{60,382}{48,190} \times 100 = 125.3 \ (\%)$$

となる。

5 産業連関表

① 産業連関表

産業連関表　これまで，一国経済の活動成果を国民所得の概念を用いて説明してきましたが，そこでは最終生産物の価値（GDP）だけが問題とされ，中間生産物の取引は表に出てきませんでした。しかし，現実の経済活動では各産業間でいろいろな原材料（中間生産物）が取引されて生産が行われています。

したがって，経済活動の中身を知るためには，それぞれの産業が生産物をつくるためにどのような原材料をどれだけ買い，また生産したものをどのような産業にどれだけ販売したかをみる必要があります。この中間生産物を含めて経済活動における取引の動きをみようというのが**産業連関表**です。

産業連関表の読み方　産業連関表は，表5－1に示されるように，行と列からできており，これによって産業間における中間生産物の取引を含めた経済活動の動向を理解することができます。

行と列の見方は次のようなものです。

行（横）……各産業が生産したものをどの部門にどれだけ販売したかを示します。

列（縦）……各産業が生産物をつくるために原料をどの部門からどれだけ購入し，それをもとにしてどれだけの生産物を生み出したかを示します。

これらの関係は，国民経済が農業，パン製造業，パン販売業の3部門からなる第1章で用いた例を使って説明することができます。これらの産業間の取引ならびに活動の成果は表5－1に示されています。

投入＼産出	中間需要				最終需要	産出計
	農業	パン製造業	パン販売業	中間需要計	消費	
中間投入　農業		5		5		5
中間投入　パン製造業			8	8		8
中間投入　パン販売業					10	10
中間投入　中間投入計		5	8	13		
付加価値	5	3	2			
投入計	5	8	10			23

表5-1　産業連関表（Ⅰ）

(1) 農　　　業……どこからも原料を仕入れずに5億円の小麦を生産し（農業部門の付加価値5），それをパン製造業に販売しました（パン製造業の中間需要5）。

(2) パン製造業……農家から5億円の小麦を仕入れ，新たに3億円の価値を加え（パン製造業の付加価値3），8億円のパンを生産してパン販売業に売りました。

(3) パン販売業……パン製造業から8億円のパンを仕入れ，新たに2億円の価値を加え（パン販売業の付加価値2），10億円のパンを販売しました。

　ここでの各産業間での仕入と販売の関係が産業連関表の列と行に対応するものです。ここでは，総生産額は23億円あり，中間生産物の額は13億円となります。ゆえに，GDPは10億円となります。

　産業連関表からGDPを求める場合には，三面等価の原則に基づいて3つの面から計算できます。すなわち，①総生産額－中間生産物額（23－13），②付加価値の合計（5＋3＋2），③最終需要の大きさ（10）の3つです。ここでの例は，いずれも10億円になることがわかります。

2 投入係数

産業連関表から，各産業が生産物をつくるのにどれくらいの原料の投入を必要としているかをみることができます。具体的には，ある産業で生産物1単位を生産するのに必要な原料の投入がどれだけかということです。その大きさを**投入係数**といいます。

投入係数の計算は，各産業の列の原材料投入額をその産業の総生産額で割って求めることができます。このことを表5-2に示される簡単な産業連関表（Ⅱ）をもとにして確認しておきましょう。この表で，たとえば産業1が生産物を1単位つくるのに，産業2からどれだけの原料の投入を必要としたかを計算してみますと，

$$\frac{40}{100} = 0.4$$

となります。つまり，産業1の産業2に対する投入係数は0.4ということになります。同様にして，各産業間の投入係数を表にすると表5-3のようになります。

投入＼産出	産業1	産業2	最終需要	産出計
産業1	10	20	70	100
産業2	40	100	60	200
付加価値	50	80	130	
投入計	100	200		300

表5-2　産業連関表（Ⅱ）

	産業1	産業2
産業1	0.1	0.1
産業2	0.4	0.5

表5-3　投入係数

なお，表5－2に基づいて，三面等価によるGDPの計算を確認すると，
① GDP＝総生産額－中間生産物額＝300－170＝130
② GDP＝付加価値の合計＝50＋80＝130
③ GDP＝最終需要＝70＋60＝130

となります。

そうなんだ！

産業連関分析はだれが開発したのか？

1973年のノーベル経済学賞は，「産業連関分析の開発とその経済問題への応用」によって，ワシリー・レオンチェフに与えられました。ケネーの経済表をはじめとして，経済活動のなかで各部門の相互依存関係を解明し，経済循環の仕組みをモデル化しようという試みはさまざまな形で行われてきましたが，多くの場合は，現実経済との対応関係を欠き，抽象的な理論の域をでるものではありませんでした。

それに対して，レオンチェフの産業連関分析は，現実の統計データをそのまま用いた形で各部門間の相互依存関係を解明する点で独創的で，実践的な分析道具でありました。さらに，正統派経済学では最終生産物の取引が中心であり，中間生産物は付随的にしか扱われてきませんでしたが，レオンチェフは産業連関モデルによって経済循環の中心的役割を果たすものが中間財取引であることを示しました。今日，多くの国で経済状況を分析するために産業連関分析が利用されています。

レオンチェフは，1906年革命前のロシアに生まれ，ベルリン大学で経済学博士号を取得したあと，1931年にハーバード大学に移り，46年に教授に就任しています。1936年にハーバード大学の機関紙に産業連関分析の発見を初めて発表した論文を書いて以来，生涯にわたり一貫してさまざまな分野での産業連関分析の開発と応用を追求してきました。1999年に亡くなっています。

34　第1部　経済循環と国民所得

演　習

〔設問〕次に示される産業連関表に関して，以下の問に答えなさい。

投入＼産出		〔①〕		最終需要	産出計
		産業A	産業B		
〔②〕	産業A	〔③〕	50	400	〔⑦〕
	産業B	100	500	〔⑥〕	〔⑧〕
付加価値	賃金	300	〔⑤〕		
	営業余剰	〔④〕	250		
投入計		500	1,250		1,750

(1) 表の①と②に適当な語句を入れなさい。

(2) 表の③から⑧に適当な数値を入れなさい。

(3) 国内総生産の大きさを求めなさい。

(4) 産業Aの付加価値はいくらか。

【解答・解説】

(1) ① 中間需要　　② 中間投入

(2) 産業連関表は，投入計（中間投入＋付加価値）＝産出計（中間需要＋最終需要）という関係から成り立っているので，それをもとにして各数値を求めることができる。まず，投入計＝産出計より，⑦＝500，⑧＝1,250となるので，これをもとにして③から⑥を求めればよい。すなわち，

③ ＝ ⑦ − (50 + 400) = 500 − 450 = 50

④ ＝ 500 − (③ + 100 + 300) = 500 − (50 + 100 + 300) = 50

⑤ ＝ 1,250 − (50 + 500 + 250) = 450

⑥ ＝ ⑧ − (100 + 500) = 1,250 − 600 = 650

(3) 国内総生産は全産業の付加価値の合計，あるいは，最終需要の合計として求められるので，

$$国内総生産 = 300 + ④ + ⑤ + 250$$
$$= 300 + 50 + 450 + 250 = 1,050$$

(4) 付加価値 = 300 + 50 = 350

　産業連関表は，中間生産物の取引を含めて経済活動における取引をみようというものである。そこでは，各産業ごとに，

　　　投入計＝産出計

となっており，

　　　投入計＝中間投入＋付加価値
　　　産出計＝中間需要＋最終需要

であることを理解しておく必要がある。

　さらに，国内総生産（あるいは，国内総支出）の大きさは，次のようになっていることに注意することが必要である。

　　　国内総生産＝全産業の投入計－中間投入
　　　　　　　　＝全産業の付加価値の合計
　　　　　　　　＝全産業の最終需要の合計

第 2 部　GDPの決定

6　国民所得の均衡

① 総需要と総供給

　三面等価の原則にしたがって，国内総生産と国内総支出は等しくなりますので，国内総生産（GDP）を Y，民間消費を C，民間投資を I，政府支出を G，輸出を EX，輸入を IM としますと，

$$Y = C + I + G + EX - IM \qquad \cdots\cdots ①$$

が成り立ちます。次に，右辺の輸入 IM を左辺に移行しますと，

$$Y + IM = C + I + G + EX \qquad \cdots\cdots ②$$

となります。②式で，左辺は，輸入された分も含めてその経済に供給される生産物全体を表しており，**総供給**とよぶことができます。また右辺は，輸出（外国からの需要）も含めた経済全体の需要を表すものであり，**総需要**とよばれます。こうして，一国経済の生産活動の成果を総生産＝総支出，あるいは総供給＝総需要という形で示すことができます。

　②式からは，一見したところ実際の経済活動でも生産物の総供給と総需要は一致しており，超過供給や超過需要がないかのようにみえます。しかし，これはあくまで生産活動の事後的結果の記録であって，計画された総需要と総供給が一致して国民所得が均衡しているわけではありません。

　このことを理解するために，先の総供給と総需要のバランス式を単純化して

考えてみましょう。いま，政府が存在せず，海外取引も含まない単純な封鎖経済を想定しますと，政府支出 G，輸出 EX，輸入 IM はすべてゼロになりますので，②式は次のようになります。

$$Y = C + I \qquad \cdots\cdots ③$$

この式は，経済が家計と民間企業という私的部門のみから成り立っていることを示しています。また，③式は国民所得勘定における総供給 Y と総需要 $C+I$ の恒等関係を表すものです。したがって，実現された所得水準 Y がどのようなものであっても成立しますが，これはあくまでも経済活動の事後的な結果の記録であり，事前に計画された総供給と総需要が一致しているという意味ではありません。

2 在庫の変動による調整

　総需要と総供給の事前における不一致と事後的な一致との間の関係は，在庫の変動を通して説明することができます。
　いま，総供給が事前に計画された総需要より大きかった場合を考えてみますと，このときの需給関係は，

$$Y > C + I$$

となります。この場合には Y と $C+I$ の差だけ生産物が売れ残ってしまうことになります。その結果，意図せざる在庫の増加（プラスの在庫投資）が生じます。逆に総需要が計画した生産量以上に大きかった場合には，

$$Y < C + I$$

となり，生産した以上に売れることになるので，企業は在庫を取り崩して需要に対応することになります。この場合には，意図せざる在庫の減少（マイナスの在庫投資）が生じます。

ここからわかることは，実際の経済活動においては，総供給 Y と総需要 $C+I$ が一致する保証はなく，両者が不一致の場合にはその差額だけ在庫の増減が生じるということです。そこで，たとえば Y が $C+I$ を上回り，意図せざる在庫投資が生じた場合，国民所得勘定では在庫品の増加が投資の増加として記録されるので，事後的に Y と $C+I$ は一致します。逆の場合も同様であり，総需要 $C+I$ が総供給 Y を上回り，意図しない在庫の減少が生じるときは，それだけ在庫投資が減少したものとして記録されますので，結局 Y と $C+I$ は等しくなります。

3 有効需要の原理

有効需要の原理　　総供給と総需要のバランスは，あくまでも経済活動の事後的な結果です。もし総供給に対して総需要が少なければ，企業は売上不振となり生産を減少せざるを得ないので，国民所得は減少します。また反対に，総需要が総供給を上回れば，生産活動は拡大し，国民所得も増大します。

　ここからわかることは，総需要が少ないと所得水準は低下することになり，総需要が大きいと，それに応じて所得水準も上昇するということです。これを**有効需要の原理**といいます。

　次章では，この有効需要の原理に基づいて，国民所得水準決定の問題をみていきます。なお，総需要と総供給が不一致の場合，実際には生産量だけでなく物価も変化すると考えられます。しかし，ここでは需給の不一致はすべて生産量の変化によって調整されると想定されていますので，物価は変化しないと仮定されています。したがって，名目値と実質値の区別は行われません。物価水準の変化の問題は，インフレーションの分析のところで議論されることになります。

有効需要と貯蓄　　有効需要の原理に基づく国民所得決定論においては，消費需要と投資需要からなる総需要の大きさが所得水準を決定する要因となりま

す。

　この場合，貯蓄は所得から消費を除いた残差と考えられており，経済活動に対して重要な役割を果たすとはみられていません。それどころか，貯蓄の増加は消費需要を減少させ，結果として所得水準を引き下げるマイナス要因として位置づけられています。

　しかし，こうした見方は短期における所得決定に限られるのであり，長期的には，貯蓄は経済活動に大きな影響力をもっています。とくに，人々の節倹によって形成される貯蓄は，金融市場を通じて投資資金となります。豊富な投資資金は民間企業の投資を容易にし，経済成長をもたらす重要な要因となります。

　短期における国民所得水準の決定というマクロ経済の基本的な分析においては，貯蓄自体は大きな役割を果たしませんが，貯蓄の評価は単に所得と消費の残差というものだけではないということに注意する必要があります。

そうなんだ！

「セイの法則」VS「有効需要の原理」

　セイの法則とは「供給はそれ自らの需要を創造する」という法則です。平たくいうと，作れば売れる，あるいは作っただけのものは必ず売れるということです。

　それでは，ある商品を100個作って，80個しかその商品に買い手がつかない場合はどうなるのでしょう。その場合は価格が下がって，買い手が増えて，100個は売りさばかれることになるということです。つまり，見えざる手が働いて，需要と供給が均衡するということです。

　すなわち，需要と供給が不一致の場合には，価格が変化することによって需給の一致がもたらされるということです。市場では，価格調整メカニズムが働くということが，セイの法則の本質なのです。

　セイの法則を逆転したものが有効需要の原理です。それは，「需要がそれ自らの供給を創造する」ということです。つまり，需要があって売れれば生産が増えるが，需要が少ないために売れなければ生産，したがって供給も増えないということです。需要が増えれば，供給（所得）も増えます。ここから，総供給を増減させるためには，政府による総需要管理が必要になるという考え方が生まれることになります。

演　習

〔設問〕総需要と総供給のバランスに関する説明文中の空欄にあてはまる用語を下記の語群のなかから選んで記号で答えなさい。

　政府と海外部門を捨象すると，マクロ経済のバランス式は $Y = C + I$ で表される。ここで，Y は（　①　）の大きさを表し，$C + I$ は（　②　）の大きさを表す。ここで，重要なことは，事後的には Y と $C + I$ は等しくなるが，事前的には両者が一致する保証はないということである。そこでもし，$Y > C + I$ になると，（　①　）が（　③　）を上回り，結果として売れ残りが生ずることになる。これが意図せざる（　④　）の増加である。逆に，$Y < C + I$ の場合には，意図せざる在庫の（　⑤　）が生じる。そして，$Y = C + I$ となったとき，需給が均衡して国民所得の水準が決定されることになる。

［語群］
A　減少　　　B　増加　　　C　総供給　　　D　総需要　　　E　在庫

【解答・解説】
①　C　　②　D　　③　D　　④　E　　⑤　A

7 均衡国民所得の決定

1 消費需要

　政府と海外取引を含まない単純化された封鎖経済においては，国民所得の均衡は，

$$Y = C + I \qquad \cdots\cdots ①$$

で表すことができます。そこで，消費と投資の動きがわかれば，所得水準を決定することができます。

▎消費関数　まず，消費需要についてみていきます。一国全体の消費の動きを考える場合，消費を決める要因のうちで最も重要なものは年々の所得です。そこで，第1次近似としては消費 C は国民所得 Y の関数であるということができます。これは，

$$C = C(Y) \qquad \cdots\cdots ②$$

と表せます。これを**消費関数**といいます。その関係を図に表すと，図7－1のようになります。すなわち，国民所得 Y が増大しますと，消費支出 C も増大しますので，消費関数は右上がりの線として表されます。

　この消費関数の基礎にある考え方は，通常，人々は所得が増加すると消費を増加させますが，所得の増加分の一部は貯蓄に振り向けるので，消費の増加は所得の増加に及ばないということです。したがって，所得の増加分と消費支出の増加分の比である**限界消費性向** $\dfrac{\Delta C}{\Delta Y}$ は，プラスではあるけれども1より小さいという性質をもつことになります。

図7－1　消費関数

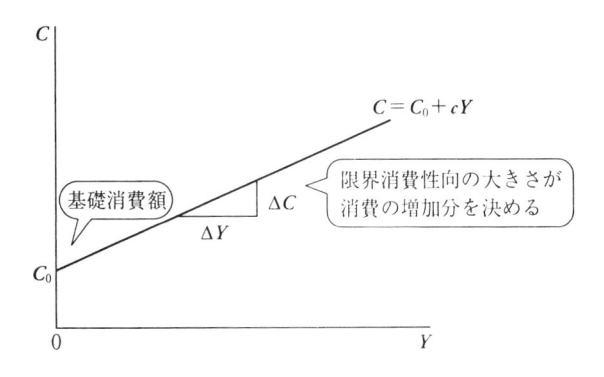

$$C = C_0 + cY$$

基礎消費額
限界消費性向の大きさが消費の増加分を決める

$$0 < \frac{\Delta C}{\Delta Y} < 1 \qquad \cdots\cdots ③$$

また，図7－1からもわかりますように，この消費関数はプラスの切片をもっています。これは，国民所得がゼロであっても人々が生活しているかぎり消費はゼロにならないということです。この場合の消費を**基礎消費額**といいます。そこで，この基礎消費を C_0，限界消費性向 $\frac{\Delta C}{\Delta Y}$ を c としますと，消費関数は，

$$C = C_0 + cY \qquad \cdots\cdots ④$$

と表されます。

┃平均消費性向・平均貯蓄性向　　この型の消費関数は，消費が所得の絶対水準に依存して決定されると想定するところから，ケインズ型消費関数，あるいは消費関数の**絶対所得仮説**とよばれます。この消費関数のもとでは，所得が増大するにつれて，所得に占める消費の割合，すなわち**平均消費性向** $\frac{C}{Y}$ はしだいに低下することになります。図7－2をみますと，消費曲線は，国民所得水準を示す45°線より緩やかな線として描かれています。それゆえ，Y の増加に伴って，$\frac{C}{Y}$ は低下していくのがわかります。所得と消費の差が貯蓄になりま

す。所得水準 Y_1 では $Y = C$ となりますが，Y_1 より左側では消費が所得を上回っています。そこでは，貯蓄がマイナス（$-S_2$）になっています。これは，低所得水準では借金ないし資産の食いつぶしなどによって生活を支えていることを意味します。Y_1 より右側では消費が所得を下回っているので，その分だけ家計は貯蓄をしていることになります。

しかも，所得が増大するに従って Y と C との差は拡大していきます。その結果，$\frac{C}{Y}$ は Y の増加に伴って低下していくことになります。言い換えれば，所得の上昇とともに所得のうち貯蓄される割合 $\frac{S}{Y}$ が大きくなるということです。この $\frac{S}{Y}$ は，**平均貯蓄性向**とよばれます。

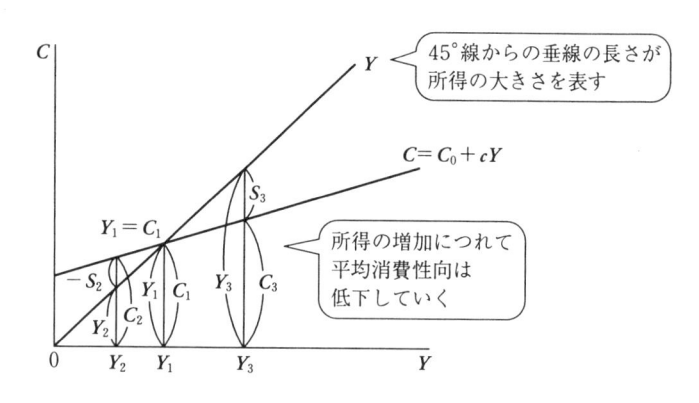

図 7 − 2　平均消費性向

2　消費関数と貯蓄関数

所得のうち消費されない分は貯蓄となります。すなわち，

$$S = Y - C \qquad \cdots\cdots ⑤$$

となります。したがって，C とともに貯蓄 S も Y の関数と考えることができます。そこで，④式を⑤式に代入することによって**貯蓄関数**を得ることができま

す。

$$S = Y - (C_0 + cY)$$
$$= -C_0 + (1-c)Y \qquad \cdots\cdots ⑥$$

ここで，$(1-c)$ は**限界貯蓄性向**$\dfrac{\Delta S}{\Delta Y}$です。限界貯蓄性向を$s$で表すことにします。さらに，$\Delta Y = \Delta C + \Delta S$より，この両辺を$\Delta Y$で割ると，

$$\frac{\Delta Y}{\Delta Y} = \frac{\Delta C}{\Delta Y} + \frac{\Delta S}{\Delta Y} \qquad \cdots\cdots ⑦$$

となりますので，$\dfrac{\Delta Y}{\Delta Y}=1$から，$1-c=s$となることがわかります。消費関数と貯蓄関数の関係は図7―3によってもみることができます。そこに示される貯蓄関数は，所得Yと消費Cの垂直差をプロットすることによって導出したものであり，切片が$-C_0$であり，$s=(1-c)$の傾きをもつ右上がりの線として描かれています。

図7－3　消費関数と貯蓄関数

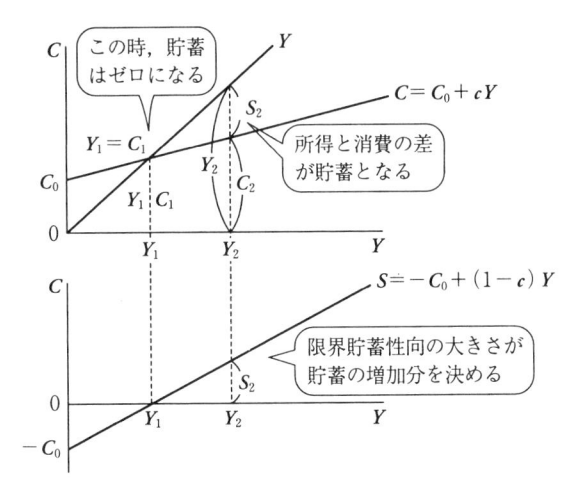

3 所得決定の総需要アプローチ

均衡国民所得の決定　これまで，消費需要についてみてきましたが，総需要のもう1つの構成要素である投資 I については，当面所得水準に関係なく企業によって一定の水準に与えられる（このような投資は独立投資といいます）ものと仮定しておきます。そこで，$I=\bar{I}$ と定式化することができます。これをもとにして，**均衡国民所得**がどのように決定されるかを明らかにすることができます。すでに述べたように，総需要と総供給が等しくなるところで国民所得は均衡します。政府と海外取引を捨象すれば，総需要は消費 C と投資 I から構成されますので，国民所得の均衡は，

$$Y = C + I \qquad \cdots\cdots ⑧$$

で示すことができます。ここで，総需要はそれぞれ，

$$C = C_0 + cY \qquad \cdots\cdots ⑨$$
$$I = \bar{I} \qquad \cdots\cdots ⑩$$

と定式化できるので，⑧式に⑨式・⑩式を代入すれば，

$$Y = C_0 + cY + \bar{I} \qquad \cdots\cdots ⑪$$

を得ます。さらに，これを Y について整理しますと，

$$Y = \frac{1}{(1-c)}(C_0 + \bar{I}) \qquad \cdots\cdots ⑫$$

となります。これが，均衡国民所得を決定する式です。これが**所得決定の総需要アプローチ**です。

このことを図に表すと，図7-4になります。45°線は国民所得 Y を表します。$D=C+I$ は総需要線であり，右上がりの消費曲線 $C=C_0+cY$ に一定の独立投資 $\bar{I}$ を加えたものです。

図において，均衡国民所得は総需要と総供給が一致する Y_0 の水準に決まり

ます。Y_1 では，総需要が総供給を上回るため意図せざる在庫の減少が生じ，所得は拡大していきます。Y_2 では，総供給が総需要を上回るため意図せざる在庫の増加が生じ，生産が減少するため所得水準は低下することになります。

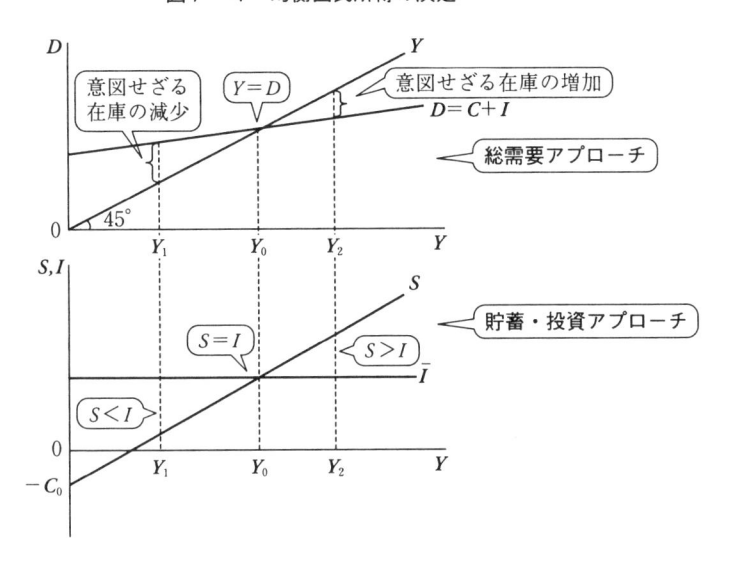

図7－4　均衡国民所得の決定

4　所得決定の貯蓄・投資アプローチ

貯蓄・投資所得決定論　均衡所得の決定は，貯蓄と投資の関係からも説明できます。所得 Y は消費 C と貯蓄 S からなりますので，

$$Y = C + S$$

であり，総需要は，

$$D = C + I$$

ですから，$Y = C + I$ の均衡条件は，$C + S = C + I$ より，

$S = I$

の形に書き直すことができます。これは，Cを共通項として，貯蓄されてしまって需要にならない貯蓄と投資需要が等しくなるところで総需要と総供給が一致することを意味しています。これが**所得決定の貯蓄・投資アプローチ**です。この貯蓄と投資による所得決定も図7－4に示されています。すなわち，所得水準は S と I が均衡する Y_0 の水準に決定されます。このことを式で示すと次のようになります。均衡条件は，

$$S = I \qquad \cdots\cdots ⑬$$

であり，このうち，

$$S = -C_0 + (1-c)Y \qquad \cdots\cdots ⑭$$
$$I = \bar{I} \qquad \cdots\cdots ⑮$$

ですから，⑬式に⑭・⑮式を代入すると，

$$-C_0 + (1-c)Y = \bar{I} \qquad \cdots\cdots ⑯$$

となり，これをYについて解くと，

$$Y = \frac{1}{1-c}(C_0 + \bar{I}) \qquad \cdots\cdots ⑰$$

となります。この⑰式は総需要アプローチのときの⑫式と同じです。

5 乗数理論

▌乗数理論　これまで，均衡所得水準は総需要と総供給が等しいところで決定されるということをみてきました。次に，総需要が変化した場合，それが均衡国民所得にどのような効果を及ぼすかをみることにしましょう。

　まず，図7－5を用いて均衡所得 Y_0 を出発点とし，たとえば，投資が ΔI だ

7 均衡国民所得の決定

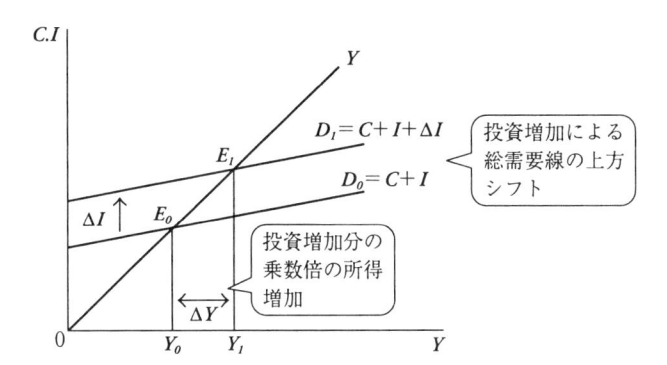

図7-5 投資増加と所得増加

（投資増加による総需要線の上方シフト）
（投資増加分の乗数倍の所得増加）

け増加した場合，それが所得水準をどれだけ変化させるかを考察していきます。投資の増加ΔIは総需要線をD_0からD_1へとΔIだけ上方へシフトさせますので，YとDの均衡点はE_0からE_1に移ります。その結果，国民所得はY_0からY_1にΔYだけ増加します。

ここで，投資の増加が何倍の所得増加をもたらすかをkという記号で表しますと，

$$k = \frac{\Delta Y}{\Delta I}$$

となり，これを変形しますと，

$$\Delta Y = k \Delta I \qquad \cdots\cdots ⑱$$

となります。⑱式は，投資の増加はそのk倍だけ所得を増加させるということを示しています。このkを**乗数**といいます。

乗数kは，$Y = C + I$の単純な所得決定モデルでは，

$$k = \frac{1}{1-c} \quad \text{ゆえに，} \quad \Delta Y = \frac{1}{1-c} \Delta I \qquad \cdots\cdots ⑲$$

と表すことができます。

この乗数の値は，所得決定式からすぐに求めることができます。最初の均衡

点 E_0 の所得は,

$$Y_0 = \frac{1}{1-c}(C_0 + \bar{I}) \qquad \cdots\cdots ⑳$$

で決定されますが, 均衡点 E_1 の所得水準 Y_1 では投資増加 ΔI だけ総需要が増加するので,

$$Y_1 = \frac{1}{1-c}(C_0 + \bar{I} + \Delta I) \qquad \cdots\cdots ㉑$$

となります。そこで, ㉑式と⑳式の差をとりますと,

$$Y_1 - Y_0 = \Delta Y = \frac{1}{1-c}\Delta I \qquad \cdots\cdots ㉒$$

となり, ⑲式が得られます。

▎乗数過程

乗数理論が教えてくれる最も重要なことは, 投資需要の増加がその何倍もの国民所得の増加を生みだすということです。この関係は, 所得(生産)の増加が生みだす派生的な需要をみることによって明らかになります。いま, 投資が新たに ΔI だけ増加したとします。投資が増加すると, まずこの大きさだけ所得が増加します ($\Delta I = \Delta Y_1$)。所得が増加すると, 所得の増加に限界消費性向 c を掛けた大きさだけ消費需要が増加します ($c\Delta I = c\Delta Y_1$)。この消費増加は消費財の生産を増加させ, それに等しい所得増加をもたらします ($c\Delta I = c\Delta Y_1 = \Delta Y_2$)。さらに, この所得増加もその c 倍の消費増加 ($c^2\Delta I = c\Delta Y_2$) を生みます。これがまた, 消費増加をもたらします。

このようにして, 最初の投資増加は次々に所得増加をもたらし, 結果として一定の大きさの所得増加を生み出します。所得増加の合計は,

$$\begin{aligned}
\Delta Y &= \Delta Y_1 + \Delta Y_2 + \Delta Y_3 + \cdots\cdots \\
&= \Delta I + c\Delta I + c^2\Delta I + \cdots\cdots \\
&= (1 + c + c^2 + \cdots\cdots + c^n)\Delta I \\
&= \frac{1}{1-c}\Delta I
\end{aligned}$$

となります。かくして，投資増加ΔIは，その乗数$\frac{1}{1-c}$倍だけ所得を増加させるということがわかります。これは，初項をΔI，公比をcとする無限等比級数の和[注]として求められたものです。なお，この過程で生じる消費の増加分ΔCは，

$$\Delta C = c\Delta I + c^2\Delta I + c^3\Delta I + \cdots\cdots$$
$$= (c + c^2 + c^3 + \cdots\cdots)\Delta I$$
$$= \frac{c}{1-c}\Delta I$$

であり，貯蓄の増加分ΔSは，

$$\Delta S = (1-c)\Delta I + c(1-c)\Delta I + c^2(1-c)\Delta I + \cdots\cdots$$
$$= (1 + c + c^2 + \cdots\cdots)(1-c)\Delta I$$
$$= \frac{1-c}{1-c}\Delta I$$
$$= \Delta I$$

となります。つまり，投資の増加ΔIは乗数過程を通じてそれと同額の貯蓄の増加をもたらします。ゆえに，新たな均衡所得水準Y_1のもとでは，再び$S=I$が成立します。たとえば，投資増加$\Delta I = 100$，$c = 0.9$とすると，所得の増加$\Delta Y = 1,000$であり，消費増加$\Delta C = 900$，貯蓄増加$\Delta S = 100$となります。その過程は表7－1に示されています。

[注] $(1 + c + c^2 + \cdots\cdots + c^n)$は初項1，公比$c$の等比級数であるから，公比が－1より大きく1より小さければ，$\left[初項 \times \frac{1}{1-公比}\right]$によって無限等比級数の和を求めることができます。

ΔI	ΔY	ΔC	ΔS
100 →	100 (ΔI)	90 ($c\Delta I$)	10 ($(1-c)\Delta I$)
	90 ($c\Delta I$)	81 ($c^2\Delta I$)	9 $c(1-c)\Delta I$
	81 ($c^2\Delta I$)	72.9 ($c^3\Delta I$)	8.1 $c^2(1-c)\Delta I$
	⋮	⋮	⋮
合 計	1,000	900	100

$$\left(\Delta Y = \frac{1}{1-c}\Delta I\right) \left(\Delta C = \frac{c}{1-c}\Delta I\right) \left(\Delta S = \frac{1-c}{1-c}\Delta I\right)$$

表7－1　乗数効果の波及プロセス

そうなんだ！

消費は美徳？

　賢明な家計であれば，不況期には将来に備えて消費を切り詰めて，貯蓄を増やす選択をすべきです。事実，多くの家計が不況期には浪費をしないようにしています。

　「貯蓄は美徳」です。しかし，こうした個々の家計にとっての合理的行動がマクロ経済にとっては不合理な結果を生み出す可能性があります。なぜなら，不況期にみんなが消費を切り詰めると，経済全体として消費需要が減ってしまい，それによって企業の生産物が売れなくなります。その結果，企業は生産量を減らし，雇用を削減するために，家計にとっては所得の減少，失業の増加が生じることになります。つまり，美徳のはずの貯蓄がマクロ経済では悪徳になるということです。

　ここから，不況期にはお金を使わない貯蓄より需要を増やす消費の方が望ましいということになります。「消費は美徳」です。ケインズは，『雇用・利子および貨幣の一般理論』（1936）のなかで，不況期には，大蔵省が古い壺に銀行券を詰めて，それを廃炭坑に埋めてそれを民間企業に掘り出させることでも，需要の増加になるので，何もしないよりはましだといっています。無駄遣いもときには役に立つということです。

演習

〔設問〕貯蓄関数 $S = -40 + 0.4Y$，$I = 50$ が与えられるとき，以下の問に答えよ。

(1) 均衡国民所得 Y はいくらか。
(2) 投資が30増加（$\Delta I = 30$）とすると，Y の増加分はいくらになるか。
(3) 次の表の空欄の a から l にあてはまる数値を記入せよ。

Y	C	Y	Y	Y
200	*a*	50	*e*	*i*
225	*b*	50	*f*	*j*
250	*c*	50	*g*	*k*
275	*d*	50	*h*	*l*

【解答・解説】

(1) 225

〔均衡国民所得は $S = I$ で求められる。よって，$-40 + 0.4Y = 50$ から，Y を求めればよい〕

(2) 75

〔乗数式 $\Delta Y = \dfrac{1}{1-c} \Delta I$ より，$\Delta Y = \dfrac{1}{1-0.6} \times 30$ で求められる〕

(3) *a* 160   *b* 175   *c* 190   *d* 205   *e* 40   *f* 50
   g 60   *h* 70   *i* 210   *j* 225   *k* 240   *l* 255

〔$S = -40 + 0.4Y$ より，消費関数は $C = 40 + 0.6Y$ となる。よって，消費 C の値を各 Y の値に応じて求めることができる。S は Y と C の差として，また D は $C + I$ で求めることができる〕

8 財政活動と国民所得

1 インフレ・ギャップとデフレ・ギャップ

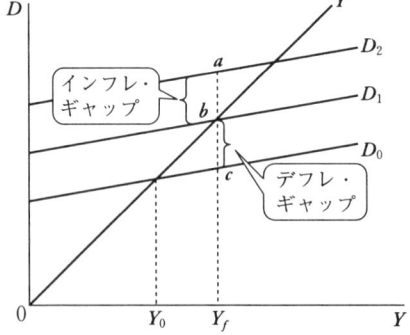

　これまでの均衡国民所得決定の議論で注意しなければならないことは，均衡国民所得の水準は完全雇用を保証する所得水準であるとは限らないということです。

　いま，図8－1において総需要がD_0の水準にあるとき，均衡所得はY_0の水準に決定されます。ここで，完全雇用国民所得をY_fとすると，Y_0の所得水準はY_fを下回るために経済は失業者を抱えたままで均衡していることになります。この場合には，完全雇用所得水準Y_fに対してbcだけ総需要が不足しています。この総需要の不足分を**デフレ・ギャップ**といいます。他方，総需要がD_2の水準にある場合には，総需要が完全雇用所得水準を上回ることになります。この総需要の超過分abを**インフレ・ギャップ**といいます。

図8－1　インフレ・ギャップとデフレ・ギャップ

■ **総需要管理政策**　図8-1からわかりますように,経済にデフレ・ギャップが存在すると,失業が発生し,インフレ・ギャップが存在すると物価上昇が生じることになります。

そこで,政府が経済に介入して,総需要の水準がD_1になるように調整する必要があります。これを**総需要管理政策**といいます。

② 財政活動と均衡所得水準の決定

政府の財政活動には,租税収入と政府支出の両面があります。ここでは,こうした財政活動を含めた国民所得の決定を考えます。

■ **均衡国民所得の決定（1）**　国民経済が,家計・企業・政府の3部門からなるとすれば,総需要Dは,

$$D = C + I + G$$

となります。このとき,Gは政府支出を示します。したがって,総供給Yと総需要のバランス式は,

$$Y = C + I + G \quad\quad\quad ……①$$

となります。

ところで,政府の活動を含めると,家計は所得から税金Tを支払わなくてはなりません。そのために,消費に使える所得は税金を控除した**可処分所得** Y_d となりますから,消費関数はこれまでの$C = C_0 + cY$から,可処分所得の関数として,

$$\begin{aligned} C &= C_0 + cY_d \\ &= C_0 + c(Y - T) \end{aligned} \quad\quad ……②$$

へと変わります。

ここで、政府支出を $G=\bar{G}$、税金を $T=T_0$ とおけば、政府を含む均衡所得決定のモデルは次のようにまとめることができます。

$$Y=C+I+G \quad \cdots\cdots ③$$
$$C=C_0+c(Y-T_0) \quad \cdots\cdots ④$$
$$I=\bar{I} \quad \cdots\cdots ⑤$$
$$G=\bar{G} \quad \cdots\cdots ⑥$$
$$T=T_0 \quad \cdots\cdots ⑦$$

ここで、④、⑤、⑥、⑦式を、国民所得の均衡条件を示す③式に代入しますと、

$$Y=C_0+c(Y-T_0)+\bar{I}+\bar{G} \quad \cdots\cdots ⑧$$

となり、これを Y について解くと、

$$Y=\frac{1}{1-c}(C_0-cT_0+\bar{I}+\bar{G}) \quad \cdots\cdots ⑨$$

が得られます。これが、**政府を含む均衡国民所得の決定式**です。

▌政府支出と租税乗数

次に、⑨式をもとにして、政府による財政政策が国民所得に及ぼす効果を分析することができます。

第1に、公共投資のような政府支出の増大が国民所得に与える効果を考えてみます。いま、政府支出が $\bar{G}$ から $(\bar{G}+\Delta G)$ へと ΔG だけ増加したとします。その結果、国民所得が Y から $(Y+\Delta Y)$ へと増加しますと、新しい均衡所得水準は⑨式に基づいて、

$$Y+\Delta Y=\frac{1}{1-c}(C_0-cT_0+\bar{I}+\bar{G}+\Delta G) \quad \cdots\cdots ⑩$$

となります。そこで、⑨式と⑩式の差をとりますと、

$$\Delta Y=\frac{1}{1-c}\Delta G \quad \cdots\cdots ⑪$$

が得られます。これによって，政府支出の増加 ΔG がどれだけの国民所得の増加をもたらすかを示すことができます。すなわち，政府支出の増加は乗数効果を通じて ΔG に $\dfrac{1}{(1-c)}$ を乗じた分だけ国民所得を増やすことになります。この乗数 $\dfrac{1}{(1-c)}$ を**政府支出乗数**といいます。

第2に，政府が減税した場合の所得への効果を考えます。減税は，$-\Delta T$ で示されます。すなわち，一定の税金 T_0 から $T_0-\Delta T$ へと ΔT だけ減税されます。ここで，減税による可処分所得の増加を通じて国民所得が Y から $Y+\Delta Y$ へと増加したとすれば，新しい均衡所得水準は，

$$Y+\Delta Y = \dfrac{1}{1-c}\{C_0 - c(T_0-\Delta T) + \bar{I} + \bar{G}\} \quad \cdots\cdots ⑫$$

となります。そこで，先の⑨式と⑫式の差をとりますと，

$$\Delta Y = \dfrac{c}{1-c}\Delta T \quad \cdots\cdots ⑬$$

が得られます。これによって，ΔT だけ減税が行われると，ΔT に $\dfrac{c}{(1-c)}$ を乗じた分だけ，国民所得が増加するということがわかります。このときの乗数 $\dfrac{c}{(1-c)}$ を**租税乗数**といいます。

減税とは反対に，景気過熱時の景気抑制策として増税政策（$T_0+\Delta T$）がとられた場合には，国民所得の変化分は，

$$\Delta Y = \dfrac{-c}{1-c}\Delta T \quad \cdots\cdots ⑭$$

となり，国民所得は増税分 ΔT に $\dfrac{-c}{(1-c)}$ を乗じただけ減少することになります。

ところで，⑪式と⑬式より，所得増大策として政府支出増加 ΔG と減税 ΔT ではどちらの方が所得に与える効果が大きいかをみることができます。それは，政府支出乗数と租税乗数を比較すればわかります。すなわち，

$$\dfrac{1}{1-c} > \dfrac{c}{1-c}$$

となりますので，結果として ΔG と ΔT が同額であったとしても，政府支出増

加の方が所得に与える効果は大きいということになります。

3 均衡予算乗数の定理

均衡予算乗数の定理　次に，政府支出を増大する一方で，それと同額だけ租税収入を増加させた場合，政府支出増大が国民所得にどのような効果を与えるかを考えてみましょう。これが，均衡予算乗数の問題です。

単純化して，租税収入を一定（T_0）としますと，均衡所得の決定式は，

$$Y = C_0 + c(Y - T_0) + \bar{I} + \bar{G}$$

となり，これを Y について解きますと，

$$Y = \frac{1}{1-c}(C_0 - cT_0 + \bar{I} + \bar{G}) \quad \cdots\cdots ⑮$$

となります。ここで，政府支出が ΔG だけ増加し，税金が同額 ΔT だけ増加しますと，均衡所得の新たな水準は，

$$Y + \Delta Y = \frac{1}{1-c}[C_0 - c(T_0 + \Delta T) + \bar{I} + \bar{G} + \Delta G] \quad \cdots\cdots ⑯$$

となります。⑯式と⑮式の差をとると，

$$\Delta Y = \frac{1}{1-c}(-c\Delta T_0 + \Delta G)$$

が得られます。$\Delta G = \Delta T$ ですから，

$$\Delta Y = \frac{1}{1-c}(-c\Delta G + \Delta G) = 1 \times \Delta G$$

となります。したがって，乗数は 1 となり，国民所得は政府支出の増加分 ΔG だけ増加します。これを**均衡予算乗数の定理**といいます。

4 税率と均衡国民所得

租税関数　ところで，これまで税金は単純に一定として $T=T_0$ としてきましたが，現実には税額が所得の大きさによって左右されますので，両者の関係は，

$$T = T_0 + tY \qquad \cdots\cdots ⑰$$

のように示されます。これを**租税関数**といいます。ここで，T_0 は所得に依存しない税金であり，例としては固定資産税など資産に対する税金をあげることができます。t は $\frac{\Delta T}{\Delta Y}$ であり，所得の変化分に対応した税額の変化分の割合で，限界税率あるいは**限界租税性向**とよばれます。tY は所得の一定割合が政府の税収になるということであり，例としては所得税や法人税をあげることができます。租税関数を⑰式のように定式化しますと，政府にとって税収の大きさは所得の大きさに依存するために，財政支出の G と異なり完全にはコントロールできないことがわかります。

均衡国民所得の決定（2）　政府を含めた均衡国民所得の決定を考える場合，税金を示す先の⑦式 $T=T_0$ の代わりに，租税関数式⑰を用いると，均衡所得決定の式は，次のように書き改められます。

$$Y = C_0 + c\{Y-(T_0-tY)\} + \bar{I} + \bar{G} \qquad \cdots\cdots ⑱$$

となり，これを Y について解きますと，

$$Y = \frac{1}{1-c(1-t)}(C_0 - cT_0 + \bar{I} + \bar{G}) \qquad \cdots\cdots ⑲$$

となります。これが租税関数の導入により複雑化した均衡国民所得の決定式です。

この場合，政府支出乗数は $\frac{1}{1-c(1-t)}$ となり，租税乗数は減税の場合，$\frac{c}{1-c(1-t)}$ となります。

5 ビルトイン・スタビライザー

自動安定装置　政府は，財政支出や税率といった財政変数を変えることによって総需要を調整することができますが，今日，財政構造のなかには，政府の裁量的政策とは別に総需要を自動的に安定させるような機構が組み込まれています。これは**ビルトイン・スタビライザー**（自動安定装置）とよばれます。

ビルトイン・スタビライザーの例としては，⑲式に示される税率を含む乗数 $\dfrac{1}{1-c(1-t)}$ の働きをあげることができます。この乗数を税率を含まない場合の乗数 $\dfrac{1}{1-c}$ と比較しますと，乗数の値は小さくなります。このことは，民間消費や民間投資の自律的需要が変化した場合にもGDPの変動は小さくなることを意味しています。これにより総需要はある程度自動的に安定化することになります。ゆえに現代の税体系はビルトイン・スタビライザーの機能を有しているということができます。

そのほかにビルトイン・スタビライザーの機能を有するものとしては，累進所得税や失業保険制度があります。

累進所得税　累進税率のもとでは，経済が好況局面に入り所得水準が上昇すると，税率も高くなって可処分所得の伸びが抑えられ，それによって消費，すなわち総需要の増加が抑制されます。反対に，不況で所得が減少すると税率も下がり，結果として総需要の落込みが軽減されます。それゆえ，累進税制により可処分所得の変動幅は小さくなり，消費需要の動きが安定することになります。

失業保険制度　社会保障制度の重要な柱の一つである**失業保険制度**も好況・不況に応じて総需要を安定させる働きをもちます。すなわち，不況期には，失業者が増加しても一定期間失業保険の給付を受けることができるために，消費需要はあまり減少せず，景気の落込みを軽減できます。反対に好況期には，失業保険給付額が減少するとともに，雇用者から失業保険料を徴収することに

よって，消費需要の増大を抑制することができます。

そのほか，農家による主要農産物の生産制限や政府による一定価格での買上げによって農家に一定の所得水準を保障する**農産物価格支持制度**もビルトイン・スタビライザーの役割を果たしています。

このようにして，財政に組み込まれた制度が，好況期には総需要の増大を抑制し，不況期には総需要の増大を促す効果をもちます。財政のもつこのようなビルトイン・スタビライザーは，政府の裁量を待たずに機能するために，政策のタイミングが遅れることはありません。こうした点から，経済変動の安定化に一定の役割を果たすと考えられます。ただし，経済の変動を緩和する効果をもつとはいえ，それだけで不況の進行を阻止し，経済全体を完全雇用の水準まで回復させるほどの安定効果をもつものではありません。このことは，ビルトイン・スタビライザーそれ自体の性格から推量できます。

たとえば，累進税率についていえば，所得変動に対して受動的に税収を増減させるのみであり，それだけで所得変動全体を補整するような強い作用はありません。また，失業保険制度にしても，不況期に発生する失業者に対し，その所得損失の一部を補填するだけです。したがって，ビルトイン・スタビライザーそれ自体の機能によって，いったん不況に陥った経済を回復させるといった積極的な効果はありません。それゆえ，総需要管理のために自由裁量的な財政政策が必要となります。

そうなんだ！

政府による「見える手」は万能？

アダム・スミスをはじめとして，古典派の経済学者たちは，市場経済には「神の見えざる手」が働いて，需要と供給を調整してくれるので，たとえ政府といえども市場へは介入しない方がよいと考えていました。しかし，実際の市場経済では「神の見えざる手」は万能ではなく，しばしば需給の不一致を引き起こし，それが失業やインフレを生み出すことになりました。そこで，不完全な市場を補完するために「政府の見える手」の介入が必要であると主張したのがケインズです。とくに，ケインズは不況期には政府による公共投資が必要であることを強調しました。政府支出の増大がどのようにして国民所得の増加を生み出すのかは，本章で説明したとおりです。

ただし，政府の見える手も決して万能ではありません。ケインズの考えでは，不況期に政府支出を拡大すると政府が赤字になりますが，その赤字は景気が回復したときに財政を黒字にしてバランスさせればよいというものでした。しかし，現実には財政赤字は景気回復期にも増大し続けています。それどころか，景気対策としての財政政策の効き目も怪しくなっています。政府は決して「窮地を救う万能の神」ではないのです。

演習

〔設問〕基礎消費が20，限界消費性向が0.8，独立投資が20，税金（所得に依存しない一括税）が40，限界税率が0.25，政府支出が42，からなる国民経済において，この国の完全雇用国民所得の水準が175兆円であるとすると，ここにはどれだけのデフレ・ギャップが生じているか。また，減税政策によってデフレ・ギャップを解消し，完全雇用を実現するためにはどれだけ減税すればよいか。

	デフレ・ギャップ	減税額
(1)	20兆円	8兆円

(2)	20兆円	25兆円
(3)	50兆円	20兆円
(4)	50兆円	25兆円

【解答・解説】

《正解は(2)》

設問の条件における均衡国民所得は,

$$Y = \frac{1}{1-c(1-t)}(C_0 - cT_0 + I + G)$$

より,

$$Y = \frac{1}{1-0.8(1-0.25)}(20 - 0.8 \times 40 + 20 + 42) = 2.5 \times 50 = 125$$

ゆえに,完全雇用国民所得との差額は,175 − 125 = 50兆円となる。デフレ・ギャップは,

50 ÷ 2.5 = 20兆円

となる。

次に,50兆円の所得の差額を埋めるためには,

$$\Delta Y = \frac{0.8}{1-0.8(1-0.25)} \times 減税分(\Delta T)$$

より,

50 = 2 × ΔT

となるので,

ΔT = 25兆円

となる。

減税後の国民所得は,次のようになる。

$$Y = \frac{1}{1-0.8(1-0.25)}(20 - 0.8 \times 15 + 20 + 42) = 2.5 \times 70 = 175$$

9 開放体系における国民所得決定

① 開放体系下の所得決定

　これまでみてきたような国民経済のみを考察するモデルは封鎖体系とよばれますが，海外取引を含むモデルは**開放体系**といいます。ここでは，開放体系における国民所得の決定をみていきます。

国際収支表　開放体系下の国民所得決定モデルを考える前に，国際収支表をみてみましょう。ある一定期間，たとえば1年間の日本全体のヒト・モノ・カネの対外取引を項目別に分類して，集計した計算表が国際収支表です。国際収支表は，表9－1に示されるように経常収支，資本収支，外貨準備増減の3つの項目に分けられます。

(単位：億円)

経常収支			182,591
	貿易・サービス収支		76,930
		貿易収支	103,348
		サービス収支	−26,918
	所得収支		113,817
	経常移転収支		−8,157
資本収支			−140,068
	投資収支		−134,579
	その他資本収支		−5,490
外貨準備増減			−24,562
誤差脱漏			−17,960

表9－1　平成17年度　国際収支表

9 開放体系における国民所得決定

経常収支　経常収支は財・サービスの対価支払いの流れを示す貿易・サービス収支，要素所得支払いの流れを示す所得収支，さらに経常的な移転支払いの流れを示す経常移転収支からなっています。

　経常収支がプラスであれば流入 > 流出となっていて黒字，マイナスですと流入 < 流出で赤字を示します。経常収支の黒字は，対外資産の純増あるいは海外への貸付増，さらにはこの純増のうち外貨保有分が外貨準備増減となり，非貨幣的資産に向けられた部分が資本収支に対応します。

　ここで注意すべきことは，外貨準備増減がマイナスになっているときに，外貨保有が増加していることであり，プラスになっているときは，外貨保有が減少しているということです。

資本収支　この収支は，経常取引で手に入れたカネを非貨幣的資産の取引にどれほど用いたかを示すものです。この値がプラスのときに対外資産の減少，あるいは資本の流入を表しています。反対に，マイナスですと対外資産の増加，つまり資本の流出を示しています。

　すでに説明しましたように，経常収支が黒字になると対外資産の純増となり，その一部は外貨保有となって外貨準備増減に，残りのものは資本収支となります。

$$\text{経常収支}＋\text{資本収支}＋\text{外貨準備増減}＝0 \quad \cdots\cdots ①$$

このことから，①式は３つの項目を加えると必ずゼロになることを意味しています。

　①式から明らかなように，経常収支が黒字ですと，それに対応した対外資産は純増となります。この対外資産の純増は，資本収支と外貨準備増減となるわけです。よって，

$$\begin{aligned}\text{経常収支} &＝－(\text{資本収支}＋\text{外貨準備増減}) \\ &＝\text{対外資産純増} \quad \cdots\cdots ②\end{aligned}$$

となります。

しかし、①式が常に成立するといっても、実際には国際収支表の経常収支＋資本収支＋外貨準備増減はゼロにはなりません。それは、資産価値の変化やサービス貿易の測定の困難さなどによります。この統計上の不突合を調整する誤差脱漏を加えますと③式となります。この調整を行いますと、各項目の合計は必ずゼロとなります。

経常収支＋資本収支＋外貨準備増減＋誤差脱漏＝0　　……③

▎外国貿易乗数　開放体系下の経済では、総需要および総供給を構成する要素のなかに、外国への輸出および外国からの輸入が入ってきます。すなわち、輸出は自国の財に対する外国からの需要であり、輸入は外国から自国への供給と考えられます。

このことから、開放体系下の総需要と総供給の均衡条件は、

$$Y = C + I + G + EX - IM \quad \cdots\cdots ①$$

となります。ここで、各関数を次のように特定化します。

$$C = C_0 + c(Y - T) \quad \cdots\cdots ②$$
$$I = \bar{I} \quad \cdots\cdots ③$$
$$G = \bar{G} \quad \cdots\cdots ④$$
$$T = T_0$$

また、輸出は外国の需要ですから、自国の所得水準とは独立した大きさになりますので、

$$EX = \overline{EX} \quad \cdots\cdots ⑤$$

と表せます。輸入は外国の財に対する自国の需要ですから、その大きさは自国の所得水準の関数とみなすことができ、

$$IM = IM_0 + mY \qquad \cdots\cdots ⑥$$

と表すことができます。ここで，IM_0 は所得と独立した輸入であり，m は**限界輸入性向**，すなわち所得が増加したときの輸入の増加の割合 $\dfrac{\Delta IM}{\Delta Y}$ です。

②式から⑥式までを①式に代入して，Y について解きますと，

$$Y = \frac{1}{1-c+m}(C_0 - cT_0 + \bar{I} + \bar{G} + \overline{EX} - IM_0) \cdots\cdots ⑦$$

となります。⑦式が**開放体系下の均衡国民所得決定式**です。ここで，

$$\frac{1}{1-c+m} = \frac{1}{s+m} \qquad \cdots\cdots ⑧$$

を**外国貿易乗数**といい，I，G および EX の変化に伴って，乗数倍だけの所得が増加することを意味しています。

たとえば，いま輸出が ΔEX だけ増加したと仮定しますと，所得の増加は，

$$\Delta Y = \frac{1}{1-c+m}\Delta EX \qquad \cdots\cdots ⑨$$

となります。

2 輸入誘発効果

これまでの説明からわかりますように，輸出が増加しますと，外国貿易乗数を通じて国民所得が増加しますが，この所得増加は先に示した輸入関数 $IM = IM_0 + mY$ を通じて輸入の増加をもたらすことになります。

そこで，輸出の増加（ΔEX）が所得の増加（ΔY）を通じてどれだけの輸入増加を生み出すかを示すことができます。

まず，輸出増加と所得増加の関係は，先の⑨式より，

$$\Delta Y = \frac{1}{s+m}\Delta EX \qquad \cdots\cdots ⑩$$

となります。次に，所得増加と輸入増加の関係は，輸入関数より，

$\Delta IM = m \Delta Y$ ……⑪

となりますので，ΔYに⑩式を代入しますと，

$\Delta IM = m \dfrac{1}{s+m} \Delta EX = \dfrac{m}{s+m} \Delta EX$ ……⑫

となります。$\dfrac{m}{s+m}$ の分子と分母をmで割って整理しますと，

$\Delta IM = \dfrac{1}{\frac{s}{m}+1} \Delta EX$ ……⑬

が得られます。ここで，$\dfrac{1}{\frac{s}{m}+1}$ は，輸出の増加が輸入をどれだけ増加させるかを示す係数であり，これを**輸入誘発係数**といいます。このように，輸出の増加によって輸入が増加することを**輸入誘発効果**といいます。なお，このことは，輸出の増加以外に，民間投資の増加（ΔI）や政府支出の増加（ΔG）の場合にもあてはまります。

3 輸出と経常収支

次に，輸出と輸入のバランスを経常収支としますと，経常収支Bは次のように示すことができます。

$B = EX - IM$ ……⑭

ここで，いま経常収支が均衡していると仮定した場合，輸出の増加が経常収支をどのように変化させるかをみることにします。まず，輸出増加と輸入増加による経常収支の変化は次のように表されます。

$\Delta B = \Delta EX - \Delta IM$ ……⑮

このとき，輸入増加分は先の⑫式より，$\Delta IM = \dfrac{m}{s+m} \Delta EX$ ですから，これを上式に代入して整理しますと，

$$\Delta B = \Delta EX - \frac{m}{s+m}\Delta EX \qquad \cdots\cdots ⑯$$

$$= (1 - \frac{m}{s+m})\Delta EX$$

$$= \frac{s}{s+m}\Delta EX$$

となります。ここで，限界貯蓄性向 s も限界輸入性向 m もともに，ゼロよりは大きく1よりは小さいという性質がありますので，結果として $0 < \frac{s}{s+m} < 1$ となるために，輸出の増加分 ΔEX より輸入増加分 ΔIM の方が小さくなります。このことは，輸出の増加により，経常収支は黒字になることを意味します。

4 政府支出と経常収支

次に，政府支出の増加が経常収支に与える影響をみてみます。

政府支出の増加（ΔG）による所得の増加（ΔY）は，

$$\Delta Y = \frac{1}{s+m}\Delta G \qquad \cdots\cdots ⑰$$

となります。このとき，経常収支は，

$$\Delta B = \Delta EX - \Delta IM = \Delta EX - m\Delta Y$$

$$= \Delta EX - \frac{m}{s+m}\Delta G \qquad \cdots\cdots ⑱$$

となりますが，$\Delta EX = 0$ であるとしますと，

$$\Delta B = -\frac{m}{s+m}\Delta G \qquad \cdots\cdots ⑲$$

となります。ゆえに，政府支出の増加は経常収支を悪化させることがわかります。同じことは国内投資についてもいえますから，いわゆる内需の拡大は経常収支の黒字を減らすか，赤字を拡大させることになります。

5 貯蓄・投資バランスと経常収支

マクロのバランス式とISバランスとの関係　経常収支の不均衡の問題は，これまで示してきたような開放体系におけるマクロ経済のバランス式をもとにしても考えることができます。これが，ISバランスの議論です。

$$Y = C + I + G + EX - IM \quad \cdots\cdots ⑳$$
$$Y - T = C + S \quad \cdots\cdots ㉑$$
$$C + S + T = C + I + G + EX - IM \quad \cdots\cdots ㉒$$
$$S - I = (G - T) + (EX - IM) \quad \cdots\cdots ㉓$$

マクロのバランス式は，上の⑳式で表すことができます。この式で$C+I+G$は内需であり，$EX-IM$は経常海外余剰（経常収支）です。また，ここで民間貯蓄をS，税金をTとしますと，可処分所得（$Y-T$）は消費Cと貯蓄Sに分けられますので，㉑式となります。ゆえに，⑳式と㉑式より㉒式となりますから，㉓式を導くことができます。この㉓式より，たとえばわが国のように$S>I$（貯蓄超過）および$G>T$（財政赤字）が存在する場合には，それに$EX>IM$（貿易黒字）が対応することになります。

経常収支バランスとISバランスの関係　さらに，税金Tは政府消費G_Cと政府貯蓄G_Sに分けることができ，政府支出Gは政府消費G_Cと政府投資G_Iに分けられますので，㉔式のようになります。

$$T - G = (G_C + G_S) - (G_C + G_I) = (G_S - G_I) \quad \cdots\cdots ㉔$$

民間貯蓄Sと政府貯蓄G_Sを加えた総貯蓄を$S+G_S$，民間投資Iと政府投資G_Iを加えた総投資を$I+G_I$とすれば，㉓式と㉔式より㉕式が得られます。

$$(S + G_S) - (I + G_I) = EX - IM \quad \cdots\cdots ㉕$$

この㉕式は，一国の経常収支バランスはマクロ的なISバランス（貯蓄と投資

の差額）に事後的に等しくなることを示しています。

そこから，たとえば日本の貿易黒字の原因は国内の貯蓄超過にあるとされ，経常収支のバランスを測るためには，内需拡大による IS バランスの達成が必要であるとの議論がなされることになります。

そうなんだ！

高い貯蓄率が経常収支黒字の原因？

かつて，マル優制度が一般の国民にも適用されていたとき，自国の貿易赤字に苦しむアメリカは，わが国に対して貯蓄を優遇するようなマル優制度をやめるように圧力をかけてきました。なぜ，日本のマル優制度がアメリカの貿易赤字と関係があるのでしょうか。それを理解するうえで有用なのが，本章でみた次のようなマクロ経済のバランス式です。

$$(S-I) = (G-T) + (EX-IM)$$
（貯蓄・投資バランス）（財政収支）（経常収支）

この式から，国内の貯蓄超過（$S>I$）には，財政赤字（$G>T$）と経常収支黒字（$EX>IM$）が対応していることがわかります。したがって，マル優によって貯蓄が増加すると，その多くが経常収支の黒字によってバランスされることになります。これがアメリカにとっては，対日赤字の拡大になるということです。アメリカにとって経常収支の赤字を改善するためには，日本からの輸出を抑制する必要があります。そのためには，マクロ経済的には，わが国の貯蓄が増えないようにすることが必要だということです。ここからは，高い貯蓄率が続く限り，経常収支の黒字も長期にわたって継続する構造的なものであるという考え方が成り立つことになります。

演習

〔設問〕政府を含まないマクロ・モデルが次のように与えられている。

$C = 40 + 0.8Y$, $I = 160$, $EX = 100$, $IM = 0.1Y$

ただし，$C=$ 消費，$I=$ 投資，$EX=$ 輸出，$IM=$ 輸入

ここで,輸出が60増加したとき,経常収支の黒字はいくらになるか。

(1) 40
(2) 60
(3) 120
(4) 160

【解答・解説】

《正解は(1)》

まず,均衡国民所得を求めて,そこから経常収支 $B = EX - IM$ を求める。均衡所得は,均衡条件 $Y = C + I + G + EX - IM$ にしたがって,$Y = 40 + 0.8Y + 160 + 100 - 0.1Y$ より,

$0.3Y = 40 + 160 + 100$

$Y = 1,000$

これより,$IM = 0.1 \times 1,000 = 100$。よって,$B = 100 - 100 = 0$ となり,経常収支は均衡している。

ここから,輸出が60増加すると,国民所得は,$Y = 1,200$ となり,経常収支は,$EX = 160$,$IM = 0.1 \times 1,200 = 120$ より,40の黒字となる。

10 消費関数の理論

1 所得決定と消費関数

　これまでの国民所得決定論の説明を通じて，総需要を構成する最も重要な変数が消費および投資であることがわかりました。それゆえ，消費や投資がどのような要因によって変化するかを見極めることは，経済の動向を的確に予測し，経済政策を適切に行うためにも重要な問題であるといえます。本章では，そのうち消費を決定する要因は何かということについて考えていきます。

▌ケインズ型消費関数　　前章までの均衡国民所得の決定では，消費需要の決定について，消費支出を国民所得の水準に結びつけるケインズ型消費関数が用いられました。

　このケインズ型消費関数の特徴は，第1に，他の条件をすべて捨象し，消費支出を国民所得の絶対水準に結びつけたことです。これを**絶対所得仮説**といいます。第2は，限界消費性向が一定であっても，所得の増大とともに平均消費性向が低下することを仮定したことです。

▌クズネッツの推計　　しかし，第2次世界大戦後のアメリカにおいて，戦後の景気動向を予測する目的で，長期的な平均消費性向の低下を仮定する消費関数が用いられましたが，その計測の結果は現実からかなり隔たったものでした。

　消費について明らかにされた統計的事実の一つは，実質所得の増加にもかかわらず，平均消費性向は長期的にはほとんど不変であるということでした。これを明らかにしたのは，クズネッツ（S. Kuznets）であり，1869年～1939年

の長期にわたりアメリカのデータを用いて，消費は所得に比例しており，平均消費性向は長期にわたってほぼ一定であることを発見しました。この場合の長期消費関数は，原点から出発する直線の形になると考えられます。

ただし，短期では消費性向にかなりの変動がみられ，消費は必ずしも所得に比例して動きません。そこには，プラスの切片をもつケインズ型消費関数が認められます。そこで，所得の増加につれて平均消費性向が低下するケインズ型の短期消費関数と，所得と消費が比例的に動くクズネッツ型の長期消費関数をいかに矛盾なく説明できるかが大きな課題となりました。こうしたなかで提示された消費関数の3大仮説が，「相対所得仮説」，「恒常所得仮説」，「ライフ・サイクル仮説」です。

② 相対所得仮説

短期と長期の平均消費性向の動きを説明するために，人々の消費は現在の所得だけでなく，過去の最高所得水準にも依存することに注目したのが，デューゼンベリー（J. Duesenberry）の**相対所得仮説**です。

デューゼンベリーは，人々は所得の増加に合わせて消費生活を楽しむが，景気後退期に所得水準が低下しても，それに応じて消費水準を抑制することはないという経験的事実に基づいて消費の動きを説明しています。

▎ラチェット効果　これは図を用いて示すことができます（図10-1）。

ⓐ長期消費曲線を C_L とすると，経済が順調に成長している場合には所得は Y_0，Y_1 と上昇し，それにつれて消費も比例的に増えていくので，消費支出は C_L に沿って拡大していきます。このときには，平均消費性向は一定となります。

ⓑところが，いま最高所得水準を Y_0 として，景気後退が生じ，所得水準が Y_0 より低い Y_2 に落ち込んだ場合を考えてみます。消費には習慣性があるために，所得低下に対し人々は所得に応じて消費を減らすことが困難であるために，消費支出は短期消費関数 C_0 に沿って低下することになります。つまり，

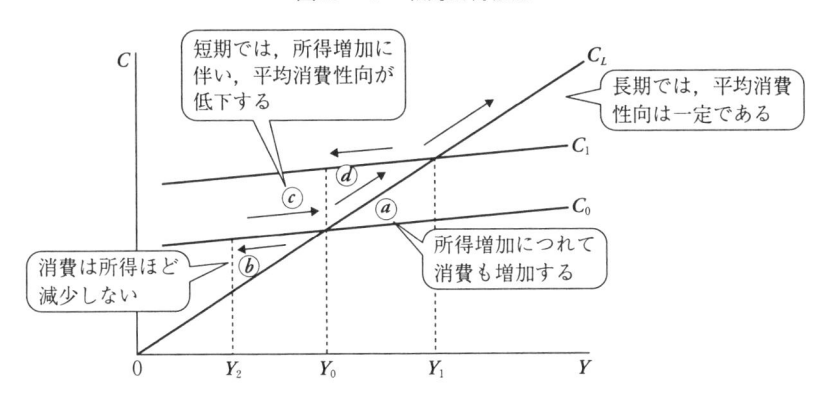

図10－1　相対所得仮説

[図：相対所得仮説のグラフ。縦軸C、横軸Y。長期消費関数C_Lと短期消費関数C_0、C_1が描かれている。所得水準Y_2、Y_0、Y_1が示されている。

吹き出し：
- 短期では、所得増加に伴い、平均消費性向が低下する
- 長期では、平均消費性向は一定である
- 所得増加につれて消費も増加する
- 消費は所得ほど減少しない

点 ⓐ、ⓑ、ⓒ、ⓓ が図中に示されている]

消費は所得の低下ほどには減少しません。そこで、景気後退期には平均消費性向が上昇することになります。

ⓒ 再び景気が回復しますと、消費はC_0に沿って増加します。

ⓓ 所得が過去の最高水準Y_0を超えると、長期消費関数C_Lに沿って、所得の増加に比例して増加することになります。所得がY_1の水準に達した場合に再び景気後退が生じると、今度はC_1に沿った消費の動きがみられると考えられます。

ここからわかることは、不況ごとに過去の最高所得水準Y_0、Y_1が消費の減少に歯止めをかけているということです。この効果を「**歯止め効果**（ratchet effect）」といいます。ここから、ケインズ型消費曲線C_0、C_1は、景気の後退・回復のプロセスのなかで、歯止め効果によって生み出されるものであるということができます。

3 恒常所得仮説

フリードマン（M. Friedman）は、消費は人々が現在から将来にわたって確実に入手し得ると期待する所得、すなわち恒常所得に依存するという**恒常所得仮説**を提唱しました。

恒常所得・変動所得

フリードマンによれば，所得全体は恒常所得 Y_P と変動所得 Y_T に分けられます。このうち恒常所得とは，毎月の給与のように現在および将来にわたって得られると予想し得る所得ですが，変動所得は景気によって変動するボーナスや臨時収入のように一時的要因によって生じる所得のことです。恒常所得仮説は，人々の消費は恒常所得に依存して決まり，変動所得には影響されないというものです。ここで所得は，

$$Y = Y_P + Y_T \qquad \cdots\cdots ①$$

となります。これらの所得からの消費を恒常消費 C_P と変動消費 C_T としますと，

$$C = C_P + C_T \qquad \cdots\cdots ②$$

となります。恒常所得 Y_P に対する恒常消費の割合を $\dfrac{C_P}{Y_P} = k$ としますと，

$$C_P = kY_P \qquad \cdots\cdots ③$$

となります。③式より，

$$C = kY_P + C_T \qquad \cdots\cdots ④$$

となりますので，この④式を所得 Y で割りますと，平均消費性向を表す次式を得ます。

$$\frac{C}{Y} = \frac{kY_P}{Y} + \frac{C_T}{Y} \qquad \cdots\cdots ⑤$$

この⑤式より，短期的には所得 Y が増加しても恒常所得 Y_P はそれほど変化しませんので，平均消費性向は所得の増加にしたがって低下するといえます。一方，長期的には経済の成長とともに Y_P も増加すると考えられますので，$\dfrac{Y_P}{Y}$ の値は安定的であるとみられます。ゆえに，長期における平均消費性向の安定性を論証することができます。結果として，短期的にはケインズ型の消費関数が現れますが，長期的にはクズネッツ型の消費関数が現れると考えることができます。

4 ライフ・サイクル仮説

消費関数の短期と長期の違いを説明する第3の仮説は，**ライフ・サイクル仮説**です。これは，モジリアーニ（F. Modigliani），ブランバーグ（R. Brumberg），安藤によって提唱されたものです。この仮説は，個人の消費が今期の所得ではなく，その人の生涯にわたって得ることのできる所得に依存するというものです。

▍**生涯所得と生涯消費**　まず，現時点でみた場合，ある個人のこれから定年を迎えるまでの生涯所得の大きさを示すことが必要です。そこで，その人はいま T 歳であり，N 歳で定年になり，L 歳まで寿命があるとします。この人の就業期間は $(N-T)$ ですから，年当たりの実質労働所得を Y としますと，労働によって得られる所得は，

$$(N-T)Y \quad \cdots\cdots ⑥$$

となります。また，現時点で，$\dfrac{W}{P}$ の資産を保有しているとします。ゆえに，この人の生涯所得は，

$$(N-T)Y + \dfrac{W}{P} \quad \cdots\cdots ⑦$$

となります。一方，この人は現時点で $(L-T)$ 年の余命があり，その間に年当たり C 円の消費を行うものとしますと，生涯消費の総額は，

$$(L-T)C \quad \cdots\cdots ⑧$$

となります。この個人が生涯に所得を全部使い切るものとしますと，生涯所得と生涯消費が一致しますので，

$$(L-T)C = (N-T)Y + \dfrac{W}{P} \quad \cdots\cdots ⑨$$

となります。この⑨式の両辺を $(L-T)$ で割りますと，

$$C = \frac{N-T}{L-T} Y + \frac{1}{L-T} \cdot \frac{W}{P} \qquad \cdots\cdots ⑩$$

となり，ここで，$\frac{N-T}{L-T} = a$，$\frac{1}{L-T} = b$としますと，⑩式から次の消費関数を導くことができます。

$$C = aY + b\frac{W}{P} \qquad \cdots\cdots ⑪$$

⑪式における係数 a は労働所得からの限界消費性向であり，b は富からの限界消費性向を表しています。この⑪式の両辺を Y で割りますと，平均消費性向が得られます。

$$\frac{C}{Y} = a + b\frac{W/P}{Y} \qquad \cdots\cdots ⑫$$

短期的には，社会の資産総額はほぼ一定であると考えられますので，平均消費性向 $\frac{C}{Y}$ は，Y の動きだけに左右されることになります。そこで，好況期に Y が上昇しますと $\frac{C}{Y}$ が低下し，Y が低下すれば $\frac{C}{Y}$ は上昇することになります。これが短期のケインズ型消費関数を表すことになります。

一方，長期的にみますと，Y の増加とともに資産 $\frac{W}{P}$ も増加していくと考えられます。そこで，長期では $\frac{W/P}{Y}$ が一定となるために，平均消費性向 $\frac{C}{Y}$ も一定となります。ここに，長期のクズネッツ型消費関数が現れることになります。

▌**ケインズ以後の消費関数の特徴**　これまで述べたケインズ以後の消費関数の3大仮説は，絶対所得仮説の実証面のギャップを現在の所得以外の説明変数によって補おうとするものです。そこには，人々の消費行動を説明する場合には，現在の所得だけでなく，相対所得・恒常所得・生涯所得といった，より幅の広い所得概念が必要となるという認識があります。とくに長期においては，現行の所得だけでなく，過去および将来における所得，さらには資産額の動向が現在の消費に影響を与えるということです。

そうなんだ！

高齢者も貯蓄する？

　日本の貯蓄率は，国際的にみて高い状況にあります。とくに家計の貯蓄率が高い水準にあります。家計貯蓄率が高い原因についてはさまざまな指摘がありますが，なかでも高齢者の貯蓄率が高いという特徴があります。本章でみたライフ・サイクル仮説にしたがうと，家計は就労期に貯蓄し，老年期にそれを食いつぶすために，高齢者の貯蓄はマイナスになると考えられます。しかし，実際には，人々は高齢になっても貯蓄を続け，遺産を残しています。

　なぜ人は遺産を残すのでしょうか。理由のひとつは，年金では不十分なためにいざというときに備えて蓄えたものが，結果として死亡後に残されるというもので，いわば意図しない遺産です。これに対して，意図された遺産もあります。自分の子孫の将来を考えて，遺産を残してやりたいということで残す場合です。このなかには，財産を残すことで，子供に老後の面倒を見てもらうという意図もあります。これを戦略的遺産動機といいます。

演習

〔設問〕消費関数に関する次の説明のうち正しいものはどれか。

(A) ケインズの絶対所得仮説では，所得が増加するにしたがって平均消費性向は上昇していくとみられている。

(B) 恒常所得仮説では，人々の消費は恒常所得の水準に連動しているとみられている。

(C) ライフ・サイクル仮説では，短期的には総資産額が一定であるので，平均消費性向は所得が増加しても一定になるとみられている。

【解答・解説】

(A) 誤り。
　　所得が増加していくにつれて，平均消費性向は低下していく。

(B) 正しい。

(C) 誤り。
　　短期では社会の総資産額が一定であるので，平均消費性向は所得だけに左右されるために，所得の増加につれて低下していく。

11 投資決定の理論

　ここでは，総需要を構成する要素の一つである投資需要の水準を決めるものは何かを考えます。投資は，民間企業の設備投資，在庫投資および家計と企業の両方を含む住宅投資，さらには公的部門による公的投資からなります。

　投資の額は，消費に比べてそれほど大きくはありませんが，景気に応じて大きく変動するために，景気循環の振れを大きくするという意味で重要な変数であるといえます。それゆえ，投資がどのように決定されるかを知ることはきわめて重要です。なお，ここでは各種の投資のうち民間企業の設備投資を中心にみていきます。

1　ケインズの投資決定論

　設備投資の決定に関する基本的な考え方は，企業は投資に伴う予想収益と投資の費用を比較することによって投資を行うか否かを決定するということです。つまり，企業は投資を決定するにあたって，購入する資本財からその耐用期間を通じて得られると期待する収益を計算し，それと資本設備の購入に必要な資金額とを比較して，投資の決定を行うと考えられます。これが**ケインズの投資決定論**です。

企業の投資決定　　いま，資本財の購入費用を S 円とします。購入した資本財の耐用年数が n 年とすれば，収益はそこから n 年まで得られると予想される年々の収益 Q_1, Q_2, Q_3, ……, Q_n の合計です。投資はこの費用 S 円と予想収益の合計を比較することによって決定されます。ただし，両者を比較する場合には，予想収益を現在価値に直す必要があります。

予想収益の現在価値を求めるためには，それぞれの予想収益を現行利子率 i で割り引かねばなりません。そこで，この投資から得られる予想収益の割引現在価値を D 円としますと，

$$D = \frac{Q_1}{(1+i)} + \frac{Q_2}{(1+i)^2} + \cdots\cdots + \frac{Q_n}{(1+i)^n} \qquad \cdots\cdots ①$$

となります。この D は**資本財の需要価格**とよばれます。そこで，企業が投資を決定するさいには，資本財の購入費用（供給価格）S 円と需要価格 D 円とを比較して決めることになります。

投資の限界効率　投資決定は投資の限界効率と利子率の比較によっても示すことができます。資本財の購入費用 S 円と年々の予想収益 Q_1，Q_2，Q_3，……，Q_n がわかりますと，そこからこの資本財がもたらす予想収益率がわかります。それは，次のような関係を満たす割引率として定義されます。

$$S = \frac{Q_1}{(1+m)} + \frac{Q_2}{(1+m)^2} + \cdots\cdots + \frac{Q_n}{(1+m)^n} \qquad \cdots\cdots ②$$

この割引率 m は，**投資の限界効率**とよばれます。投資の限界効率をこのように定義すれば，①式と②式の比較から明らかなように，需要価格 D 円が購入費用 S 円を上回っているかぎり，投資の限界効率 m は利子率 i より高く，逆に D が S を下回っているときには，m は i よりも低くなります。D と S が等しいときには，m も i と一致しています。したがって，そこには，

1) $D > S$ ならば $m > i$
2) $D = S$ ならば $m = i$
3) $D < S$ ならば $m < i$

という関係が成り立ち，投資の決定は，投資の限界効率と利子率の比較考量によって決定されるということができます。

ケインズの投資関数　企業の投資決定がこのような基準で行われるならば，

投資総額の水準はどのようになるでしょうか。一般に，企業は複数の投資プロジェクトをもっており，その限界効率はプロジェクトによって異なります。

そこでいま，A，B，Cという3つの投資プロジェクトが存在し，それぞれ投資額をA＝3億円，B＝7億円，C＝10億円，限界効率をA＝9％，B＝7％，C＝5％とします。ここで，図11－1に示されるように，利子率が6％ならば，投資AとBが実施されることになりますし，利子率が5％に低下すると，Cのプロジェクトも実行可能となります。つまり，限界効率が与えられますと，利子率が低下するにつれて投資は増加することになります。ゆえに，投資は利子率の水準に応じて決定されることになります。

経済全体としては，限界効率の異なる投資プロジェクトが無数に存在することになりますので，投資額と限界効率の関係は図11－1のような右下がりの線として表すことができます。これを**投資の限界効率表**といいます。ここから，投資は利子率の減少関数として，

$$I = I(i)$$

という形で示すことができます。

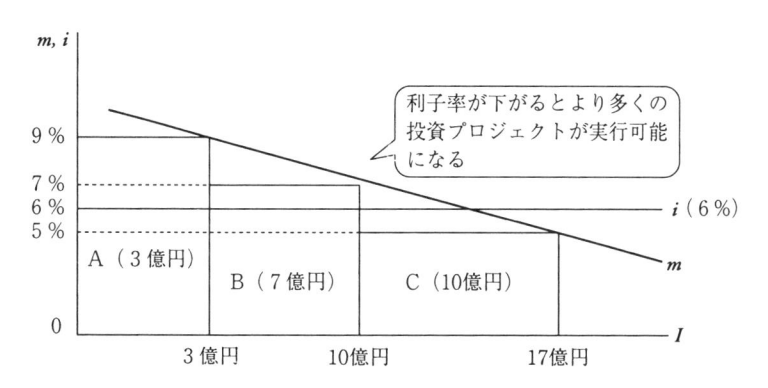

なお，投資の限界効率表の位置は，企業による投資の予想収益の大きさに依存します。もし，企業の将来に対する期待が好転して予想収益が増加すると，

図11－1　投資の限界効率と利子率による投資決定

限界効率表は右方にシフトしますので，投資は拡大されることになりますし，反対に予想収益が低下すると，限界効率表は左方にシフトして，投資は減少することになります。このように，企業の将来に対する期待いかんによって投資は変動しやすいという点も，ケインズ投資決定論の重要な論点であるといえます。

2 加速度原理

ケインズ型投資決定論では，投資の限界効率と利子率が重要な要因となっています。しかし，投資の利子非弾力性（投資が利子率の変化から影響を受ける度合が小さいこと）が存在する場合には，投資と利子率の間に必ずしも有意な関係を見出すことができません。そこで，別の角度からも投資に関する説明が必要となります。

そうしたなかで，投資が工場や機械設備といった資本ストックの増加であることや，資本ストックと生産量の間には一定の関係があることに注目して投資を説明する考え方があります。それが，**加速度原理**です。この加速度原理の考え方は，生産量が増加すると，それを生産するための資本設備が必要となるために，資本ストックの増加としての投資が増えるということです。具体的にはまず，t 期の生産量を Y_t，t 期の資本ストックを K_t とすると両者の関係は，

$$K_t = vY_t \quad \cdots\cdots ③$$

と表せます。ここで $v = \dfrac{K_t}{Y_t}$ ですから，v は生産物を1単位生産するのに必要な資本ストックの大きさを表すことがわかります。この v を**資本係数**といいます。ここから，生産量が前期（$t-1$）から今期（t）にかけて増加すると，それに応じて資本係数にしたがって資本ストックも増加することがわかります。この関係は，次のように表せます。

今期の生産量増加は $Y_t - Y_{t-1}$ であり，今期の資本ストックの増加は $K_t - K_{t-1}$ ですから，

$$K_t - K_{t-1} = v(Y_t - Y_{t-1}) \qquad \cdots\cdots ④$$

であり，$K_t - K_{t-1} = \Delta K$ は t 期の投資 I_t となるので，④式は，

$$I_t = v(Y_t - Y_{t-1}) \qquad \cdots\cdots ⑤$$

となります。ここから，投資は生産量の変化に比例して決定されるといえます。ここで，v は**加速度係数**といわれます。

③ 資本ストック調整原理

　加速度原理では，生産の増加に応じて必要な資本ストックがそのまま実現されると想定されています。しかし，現実には企業が計画する投資はそのまま実現するとは限りません。つまり，$K_t - K_{t-1} = \Delta K = I_t$ は常にすべて実現されるわけではありません。通常，今期実現するのは ΔK の一定割合にすぎません。そこで，その割合を β としますと，$0 < \beta < 1$ ですから，

$$I_t = \beta(K_t - K_{t-1}) \qquad \cdots\cdots ⑥$$

となります。β は調整係数とよばれます。そこで，今期の投資計画 ($K_t - K_{t-1}$) のうち，今期実現できなかった分 $(1-\beta)(K_t - K_{t-1})$ は来期に未完成分として持ち越されることになります。これを**資本ストック調整原理**といいます。

④ トービンのq理論

　ケインズ以後の投資理論としての加速度原理や資本ストック調整原理は，資本ストック，生産額および投資の間の一定の関係に焦点を当てたものです。これに対して現代の投資理論として最も注目されているものに，株式市場における企業評価と投資理論を結びつけることで企業の投資行動を説明しようとする

トービンのq理論があります。

▌トービンのq　　トービン（J. Tobin）は,「トービンのq」という概念を用いることによって設備投資決定に関する企業行動を説明しています。ケインズの投資決定論でみましたように,企業は投資からの将来収益の現在価値とその投資のための費用との比較によって投資を決定すると考えられます。その場合,ケインズの投資関数では,将来収益の現在価値は投資の実行主体である企業によって算定されるものと想定されていました。しかし,トービンのq理論では,この将来収益の現在価値を算定するのは,株式市場であるとされています。それゆえに,投資決定は,その企業の株式市場における評価に依存することになります。ここにおけるトービンのqは,次のように定義されます。

$$q = \frac{株式市場における企業の市場価値}{資本の再取得価格}$$

　この式のうち,分子は株式市場が評価する企業の将来収益の現在価値であり,分母は企業が現在所有している資本ストックをすべて新たに買い換えようとした場合に,それに要する費用の総額にあたります。

▌トービンの投資理論　　そこで,もしqが1より大きい場合には,株式市場の評価する企業の将来収益の現在価値が,その企業の資本ストックの市場価値より大きいことを意味しています。このことは,企業の追加投資に伴う将来の予想収益の増分が,その投資に要する費用を上回ることになります。ゆえに,qが1より大きいとき,投資は増大することになります。

　一方,qが1より小さいならば,市場評価による企業の収益力が低いことを示しており,この場合には,その企業にとって現在所有する資本ストックが過剰であることになり,投資は手控えられることになります。したがって,投資はqの増加関数となります。

　このトービンのq理論は,株式市場と企業の投資行動を結びつけた点で画期的なものです。そこでの株式市場の役割の重視は,従来の投資理論ではみられ

なかったものです。ただし，現状では実証分析を通じた検証が不十分であるといえます。

> ### そうなんだ！
>
> #### 住宅投資を左右する要因は？
>
> 　設備投資や在庫投資は企業の生産活動に関するものですが，住宅投資はそれらの投資と異なり，主として家計によってなされるものです。つまり，住宅投資は個人の効用を生み出すための投資ということになります。
> 　住宅投資の増加は，住宅建設に使われる各種の建設材料の需要を生み出すだけでなく，住宅に備え付けられるガス，水道，電気，電気製品，家具類など，多くの分野に需要を発生させますので，GDPの増加に大きく寄与するとみられています。
> 　住宅投資を決定するものとしては，個人の所得水準，住宅取得費用，住宅金融公庫の利用可能性，住宅ローン金利，などをあげることができます。ただし，住宅投資はこうした経済的な要因以外にも，核家族化といった世帯構成の変化，人口移動，税制を含む土地問題といった社会的要因によっても大きな影響を受けることになります。それゆえ，住宅投資を決定する要因は複雑であるといえます。

演習

〔設問〕以下の表は，ある企業の投資プロジェクト案の費用と予想収益を比較したものである。

プロジェクト案	投資費用	毎期の予想収益
A 案	100億円	4億円
B 案	200億円	10億円
C 案	300億円	6億円

どのプロジェクト案も，費用は今期発生し，来期から無限期間にわたって収

益が発生する。上記3つのプロジェクト案を，投資の限界効率が高い順に並べると，正しいものは次のうちどれか。

(1) A案，B案，C案
(2) C案，B案，A案
(3) B案，C案，A案
(4) B案，A案，C案

【解答・解説】

《正解は(4)》

投資の限界効率とは，投資費用をS，n期間にわたる毎期の収益をQとしたとき，

$$S = \frac{Q}{(1+m)} + \frac{Q}{(1+m)^2} + \cdots\cdots + \frac{Q}{(1+m)^n}$$

となるようなmの値のことである。設問では$n \to \infty$のケースなので，

$$S = \frac{Q}{m}$$

と示すことができる。これによると，

A案の限界効率 $= \dfrac{4}{100} = 0.04$

B案の限界効率 $= \dfrac{10}{200} = 0.05$

C案の限界効率 $= \dfrac{6}{300} = 0.02$

となるので，(4)が正解となる。

第3部 貨幣市場の分析

12 貨幣供給

　マクロ経済学のポイントは所得の決定と利子率の決定です。これまでの課題は所得決定でしたが，ここからの主たるテーマは利子率の決定です。利子率決定の理論を考えていくためには，貨幣市場における貨幣供給と貨幣需要を考えることが必要になります。

1　貨幣の機能

　ここでは，貨幣供給がどのようにして決定されるかをみていきますが，そのために，まず貨幣とは何かを確認しておく必要があります。
　貨幣とは次のような機能を有するもののことです。
(1) 貨幣には，経済取引を円滑に行うための**交換手段・支払手段**としての機能があります。
(2) 商品の価格は貨幣を単位とした金額で表されています。この価格に基づいて商品価値が計られます。つまり，貨幣には財やサービスの**価値尺度機能**があります。
(3) 貨幣の形で資産をストックすることができます。すなわち，貨幣には**価値保蔵機能**があります。
　このように，交換の媒介手段として用いられ，取引にあたっては財の価値尺度を決め，かつ購買力を蓄積する手段として選ばれるものを**貨幣**といいます。

2 マネー・サプライの範囲

経済に供給され,流通している貨幣量であるマネー・サプライは,家計・企業・政府といった非金融部門が保有する「現金通貨」と「預金通貨」の合計と考えることができます。

▍現金通貨・預金通貨　現金通貨は経済に流通している現金のことであり,中央銀行が発行する現金から金融機関の保有する分(日銀預け金を含む)を差し引いたものです。

預金通貨は,普通預金,当座預金および通知預金などからなる要求払預金のことです。今日これらの預金は,企業における取引の支払いに代表されるように,小切手・手形の振出しを通じて支払手段として使用することができます。また多くの支払いがあらかじめ銀行に設定した預金口座からの振替という形で行われます。したがって,これらの預金も貨幣としての機能を果たしていることになります。

それゆえ,マネー・サプライの基本的な大きさは,この現金通貨プラス預金通貨で与えられます。この大きさをM_1(エム・ワン)といいます。すなわち,

$$M_1 = 現金通貨 + 預金通貨$$

となります。

次に,定期預金や定期積立といった定期性預金も中途解約や預金担保借入によって比較的容易に現金化が可能であるために,貨幣のなかに含めることができます。これは**準通貨**とよばれます。これを含めたものをM_2(エム・ツー)といいます。

$$M_2 = 現金通貨 + 預金通貨 + 定期性預金(準通貨)$$

M_2に譲渡可能な大口定期預金のことであるCDを加えた$M_2 + CD$は,日本銀行においてマネー・サプライを測る場合の基本的指標となっているものです。

M_2+CD に郵便貯金，農協，漁協，労働金庫，信用組合の預貯金，信託銀行の金銭信託および貸付信託などを加えたものを M_3+CD といいます。これにさらに各種の有価証券を加えますと，貨幣の範囲をより拡大することができます（これを**広義流動性**といいます）。

3 現金通貨の供給と預金通貨の供給

経済に供給されているマネー・サプライの大きさをみてみますと，それぞれの金額は表12－1に示されるようになっています。次に，マネー・サプライの範囲として M_1 を取り上げて，それがどのように供給されるかをみていくことにします。

M_1	359
現金通貨	68
預金通貨	291
M_2+CD	691
準通貨	311
CD	21

表12－1　平成16年のマネー・サプライ（単位：兆円）

現金通貨の供給　現金通貨は中央銀行（日本銀行）によって供給されます。中央銀行は何らかの資産と見返りに現金を供給しますが，その供給ルートは次のように分けられます。

(1) 中央銀行の金・外貨買上げによる対外資産増加

わが国の商業銀行や企業などが取得した外貨は，政府の外国為替特別会計に，金は貴金属特別会計に買い入れられます。日本銀行は政府の委託によってこの業務を代行し，政府から金・外貨を買い取ります。これが現金通貨の増発要因となります。

(2) 政府に対する信用供与

政府の一般財政資金が「払い超」となるとき，この不足額は主として政府短期証券（大蔵省証券，食糧証券，外国為替資金証券）を日本銀行が引き受ける形で政府に資金が供給されます。この対政府信用の増加が現金通貨増発の要因となります。

(3) 民間金融機関に対する信用供与

日本銀行は「銀行の銀行」として，貸付や手形の割引によって市中金融機関に対して信用を供与します。また，日本銀行は市中金融機関から債券の買入れを行います。これを買いオペレーション（あるいは買オペ）といいます。

買オペが行われますと，日本銀行の資産の部に長期国債，政府短期証券，金融債などの保有が増え，その見返りに現金が発行されることになります。

| ハイパワード・マネー　現金通貨は以上のようなルートを通じて供給されますが，このようにして供給される現金は現金通貨だけでなく，民間金融機関が保有する現金準備（いわゆる金庫内現金および中央銀行預け金）を含みます。この両者を合計した中央銀行によって供給される現金全体の大きさを**ハイパワード・マネー**（または**マネタリー・ベース**）といいます。

| 預金通貨の供給（信用創造）　現金通貨は日本銀行によって供給されますが，マネー・サプライの大半を占める預金通貨は市中銀行によって創造されます。市中銀行を通じて行われる預金通貨の供給を**信用創造**といいます。この信用創造のメカニズムは，次のように説明できます。

現代の準備預金制度のもとでは，銀行は人々からお金を預りますと，その一定割合を日本銀行に預け入れなければなりません。その割合を預金準備率といいます。そこで，いま，預金準備率を10％と仮定し，最初に1,000万円の現金がA銀行に預金されたとします。これを**本源的預金**といいます。ここから，どれだけの預金通貨が創り出されるかを説明することができます。A銀行は100

万円を現金準備として，900万円を貸し出します。この900万円は何かの支払いに使われますが，このお金を受け取った人は自らの取引銀行Bにこれを預金すると仮定します。B銀行は預金の10％にあたる90万円を現金準備として手元におき，810万円を貸し出します。これが次にC銀行に預けられると，また預金の増加となります。このプロセスが繰り返されると，当初の預金の何倍もの預金通貨が創造されることになります。次々に創造される預金を合計すると次のようになります。

$$
\begin{aligned}
預金総額 &= 1{,}000 + 900 + 810 + \cdots\cdots \\
&= 1{,}000\,(1 + 0.9 + 0.9^2 + \cdots\cdots) \\
&= 1{,}000 \times \frac{1}{1 - 0.9} \\
&= 1{,}000 \times \frac{1}{0.1} \\
&= 10{,}000
\end{aligned}
$$

上の式より，預金総額＝本源的預金（1,000）×預金準備率（10％）の逆数となります。ここで，預金総額をΔD，預金準備率をr，本源的預金をΔD_0，各段階での派生預金をΔD_1，ΔD_2……としますと，信用創造のプロセスは，

$$
\begin{aligned}
\Delta D &= \Delta D_0 + \Delta D_1 + \Delta D_2 + \cdots\cdots \\
&= \Delta D_0 + (1 - r)\,\Delta D_0 + (1 - r)^2\,\Delta D_0 + \cdots\cdots \\
&= \Delta D_0 \left[1 + (1 - r) + (1 - r)^2 + \cdots\cdots\right] \\
&= \Delta D_0 \frac{1}{1 - (1 - r)} \\
&= \Delta D_0 \frac{1}{r}
\end{aligned}
$$

となります。ここで，$\frac{1}{r}$を**信用創造乗数**といいます。

4 金融部門勘定とマネー・サプライ

これまでみてきたように，現金通貨と預金通貨から成るマネー・サプライ

は，日本銀行による現金の供給と市中銀行による預金通貨の供給によって生みだされます。その場合，日本銀行のバランス・シートをみますと，発行される現金に見合う資産が保有されていますし，市中銀行も同様に預金や日銀借入に見合う資産が存在します。そこで，次に日本銀行勘定と市中銀行勘定に焦点をあてて，マネー・サプライの供給をみていきます。この日本銀行勘定と市中銀行勘定およびその統合勘定を検討することによって，マネー・サプライを生みだす金融システムの基本的な枠組みを理解することができます。さらに，ここから，貨幣乗数式を導出するプロセスをみることができます。

■ 日本銀行勘定　　はじめに，現金通貨を供給する日本銀行の資産と負債を表すバランス・シートからみていきます。まず，日本銀行の資産・負債を示す日本銀行勘定の借方にある資産から，みていくことにしましょう。

(1) **日本銀行の資産**

表12−2の日本銀行勘定の借方の対外資産（17兆円）は，貿易取引によって国内に流入した外貨（たとえばドル）を日本銀行（以下日銀）が外国為替特別会計を通じて得たものや，為替レートを円安に誘導するために円売り・ドル買いを行って得たドルなどに相当します。いずれにしても，貿易収支が黒字になれば対外資産は増加します。

次に，対政府信用（33兆円）とは政府に対する資産請求権の保有額のことです。わかりやすくいえば，市中銀行から買いオペによって入手した，国債や地方債，さらに政府短期証券などの保有額です。つまり，対政府信用が増加しているときには買いオペが行われていて，買いオペ額に相当する資金が民間に出ているということです。

最後に，日銀貸出（14兆円）は日本銀行から市中銀行への貸出額です。日銀は銀行の銀行といわれるように市中銀行に必要な資金の貸出を行っています。このときの貸出金利が公定歩合です。一般に日銀貸出は公定歩合を引き上げると減り，引き下げると増えると考えられます。

日本銀行勘定		（単位：兆円）	
対外資産	17	現　金	59
対政府信用	33	準備金	3
日銀貸出	14	政府預金	4

表12－2

表12－2の日銀勘定はあくまでも数値例ですので，貸借はバランスしていません（市中銀行と統合勘定も同じです）。

(2) 日本銀行の負債

次に，日銀勘定の貸方をみていきます。

まず，現金（59兆円）とありますが，これが日本銀行によって経済に供給された現金の額です。日銀は発券銀行とよばれているように日本銀行券を発行できる唯一の金融機関です。

次に，準備金（3兆円）ですが，市中銀行には個人や企業から預かった預金の一部を法定準備金として日本銀行に毎月15日までに預けなければならないことが定められています。よって，日銀が市中銀行から準備金を受け入れた額が3兆円ということです。この日銀への預け入れ比率（法定準備率）を引き上げると，準備金は増加し，引き下げると減少することになります。

最後に，政府預金（4兆円）は日銀が政府の銀行として，政府の財布を預かっているということです。公的投資などによって政府の支出が増えるほど政府預金は減ります。一方，増税などによって政府の収入が増えるほど政府預金は増加します。そのことから，政府支出が政府収入を上回る（これを払い超といいます）と，政府預金は減少します。逆に，政府収入が政府支出を上回る（この状態を受け超といいます）と政府預金は増加します。よって，政府が拡張的な財政政策を行っているときには政府預金は減少します。

(3) ハイパワード・マネー

日銀勘定の貸方にある現金と準備金の合計をハイパワード・マネーといいま

す。ハイパワード・マネーは民間に流れる貨幣の原資ともいえるものです。日銀勘定から，

　　ハイパワード・マネー ＝ 対外資産＋対政府信用＋日銀貸出－政府預金

となりますから，表12－2の日銀勘定からハイパワード・マネーは62兆円になります。ここから，対外資産が増えるほど，対政府信用が増えるほど，日銀貸出が増えるほど，政府預金が減るほど，ハイパワード・マネーは増加することがわかります。

　したがって，円安政策（為替政策）がとられて貿易収支が黒字になればなるほど，買いオペが行われて日銀の国債等の保有高が増加するほど，公定歩合が引き下げられて日銀信用が増加するほど，財政支出が増加するほど，ハイパワード・マネーは増加することがわかります。

市中銀行勘定
次に，預金通貨を生みだす市中銀行の資産と負債のバランス・シートをみていきます。

(1) 市中銀行の負債
　表12－3の市中銀行勘定の貸方にある預金通貨と準通貨と CD が預金総額です。預金通貨（152兆円）は普通預金や当座預金などのことです。準通貨は定期性預金のことです。定期性預金は預金通貨と比較すると流動性が低く，預金通貨に準じることから準通貨とよばれています。さらに，CD は negotiable time certificate of deposit の略称で，投資家と金融機関が金利や期間を個別に定めることができるだけでなく自由に売買できる定期預金証書のことです。

　たとえば，企業が10億円の余裕資金がある場合，一時的に比較的に金利の高い CD を購入しておき，現金が必要になったら，CD を売却することができます。以上のことから，

　　預金総額 ＝ 預金通貨＋準通貨＋ CD

市中銀行勘定	（単位：兆円）
現　　　　金　　6	預金通貨　　152
準　備　金　　3	準通貨＋CD　396
対　外　資　産　36	日銀借入　　　14
対政府信用　　64	
民　間　貸　出　579	

表12－3

となります。市中銀行勘定からは預金総額は548兆円となっています。

次に，借方をみていきます。まず，現金（6兆円）は銀行が預金の引き出し等に備えて，金庫に保管しておく現金であることから，必要準備金（あるいは金庫内現金）とよばれます。預金総額で必要準備金を割りますと，必要準備率を求めることができます。

必要準備率 ＝ 必要準備金÷預金総額×100

(2) 市中銀行の資産

借方の法定準備金（3兆円）はすでに日銀勘定のところで説明したように，預金の一定額を各銀行は毎月15日までに日銀に預ける（このことを「積み増しする」といいます）必要があります。法定準備金を預金総額で割ると，法定準備率が求められます。

法定準備率 ＝ 法定準備金÷預金総額×100

通常，市中銀行は受け入れ預金総額の1％ぐらいを金庫に保管し，さらに1％ぐらいを法定準備金として日銀の当座預金にいれます。残りの98％ぐらいが個人や企業への貸出額に相当します。銀行は個人や企業から低い利子率で預金を受け入れ，高い利子率で貸し出すから，その差額が市中銀行の利子収入（これを利鞘といいます）となります。

▍統合勘定（金融部門勘定）　　日銀勘定と市中銀行勘定の借方を合計し，貸方

統合勘定		（単位：兆円）
対外資産 53	現　金	53
対政府信用 97	預金通貨	152
民間貸出 579	準通貨＋CD	396

表12－4

同士を合計すると，統合勘定あるいは金融部門勘定になります（表12－4）。

ここで，若干の注意が必要です。それは，日本銀行と市中銀行の両勘定の貸方と借方に同一勘定科目がある場合，それらは互いに相殺されるということです。日銀勘定の日銀貸出と市中銀行勘定の日銀借入，日銀勘定の準備金と市中銀行勘定の準備金は相殺されるために，統合勘定にはそれらの勘定科目がないことがわかります。

次に，日銀勘定の貸方に現金があり，市中銀行勘定の借方にも現金があります。この場合には日銀の日銀券発行高59兆円から，市中銀行勘定の金庫にある現金6兆円を引いた差額53兆円が現金として貸方に記入されます。

統合勘定の貸方にある現金や預金は個人や企業の保有額ですから，現金通貨と預金通貨ということになります。したがって，それはマネー・サプライの大きさを表すことになります。さらに，統合勘定の貸方は，M_1だけでなく，M_2およびM_2+CDの大きさを表しています。

マネー・サプライ ＝ 現金通貨＋預金通貨

マネー・サプライは段階的に次のように分類されています。

　ⅰ）$M_1 =$ 現金通貨＋預金通貨
　ⅱ）$M_2 = M_1 +$準通貨
　ⅲ）$M_2 + CD =$ 現金通貨＋預金通貨＋準通貨＋CD

なお，M_2にCDを加えたM_2+CDが日銀の金融政策の重要な指標の1つになっています。ここでの数値例によると，M_1は205兆円，さらに，M_2+CDは601兆円となっています。

統合勘定において，借方が増えれば貸方も増えます。統合勘定の貸方はマ

ネー・サプライを表していますから，

マネー・サプライ ＝ 対外資産＋対政府信用＋民間貸出（対民間信用）

より，借方の勘定科目のそれぞれの値が増えると，マネー・サプライは増加することがわかります。

このことから，マネー・サプライが増減する要因は以下のようになります。

 ⅰ）貿易が黒字になるほど増加し，赤字になるほど減少する
 ⅱ）買いオペによって増加し，売りオペによって減少する
 ⅲ）銀行の民間貸出の増加によって増え，民間貸出の減少によって減る

5 マネー乗数アプローチ

マネー・サプライの決定式　これまでに検討してきた各勘定から，マネー・サプライとハイパワード・マネーが次のように定義されます。

マネー・サプライ(M)＝ 現金通貨(C)＋預金通貨(D)　……①

ハイパワード・マネー(H)＝ 現金通貨(C)＋準備金(R)　……②

ここで，①式を②式で割ると，

$$\frac{M}{H}=\frac{C+D}{C+R} \quad \cdots\cdots ③$$

となります。③式から，次のようになります。

$$M=\frac{C+D}{C+R}H \quad \cdots\cdots ④$$

ここで，④式の$(C+D)\div(C+R)$の各項目をすべてDで割り，$\frac{C}{D}=g$，$\frac{R}{D}=r$としますと，次のようになります。

$$M=\frac{g+1}{g+r}H \quad \cdots\cdots ⑤$$

このとき，ハイパワード・マネー（H）が増加したとき，マネー・サプライの増加分（ΔM）は，

$$\Delta M = \frac{g+1}{g+r} \Delta H \qquad \cdots\cdots ⑥$$

で求められます。

⑤式は，マネー・サプライがハイパワード・マネーHに$\frac{g+1}{g+r}$の乗数を乗じた値になることを示しています。ここで，$\frac{g+1}{g+r}$を貨幣乗数といいます。ここから，貨幣乗数が与えられると，それにハイパワード・マネーを乗じた大きさのマネー・サプライが決定されることがわかります。これを貨幣供給量の決定に関するマネー乗数アプローチといいます。ここで，$\frac{C}{D}$は**現金・預金比率**を表しています。金融システムが不安定になりますと，人々は預金から現金に資金を移す（これを質への逃避現象といいます）ことがあります。このような場合，現金・預金比率は大きくなります。また，利子率が上がるとき，現金のまま保有すると，預金していたなら得られる利子を失う（このことを**機会費用**といいます）ことになりますから，一般的には現金から預金に資金は流れることになります。また，$\frac{R}{D}$は預金準備率であり，預金準備率の操作によって変化します。

ここから，貨幣乗数は，
ⅰ）現金・預金比率が小さくなればなるほど
ⅱ）預金準備率が小さくなるほど
大きくなることがわかります。

▍貨幣乗数と信用乗数

次に，この貨幣乗数と預金通貨の供給において示した信用乗数の関係をみてみましょう。まず，ハイパワード・マネーの供給量が増加（ΔH）しますと，現金通貨が増加（ΔC）しますが，この関係は次のように説明できます。すなわち，$H = C + R$より，

$$\frac{C}{H} = \frac{C}{C+R} = \frac{\dfrac{C}{D}}{\dfrac{C}{D}+\dfrac{R}{D}}$$
$$= \frac{g}{g+r} \qquad \cdots\cdots ⑦$$

となり，

$$\Delta C = \frac{g}{g+r} \Delta H \qquad \cdots\cdots ⑧$$

を得ます。また，ΔH によって銀行部門に本源的預金 D_0 が生じますと，それに応じて現金準備 ΔR の増加がありますので，この関係は $H = C + R$ より，

$$\frac{R}{H} = \frac{R}{C+R} = \frac{\dfrac{R}{D}}{\dfrac{C}{D}+\dfrac{R}{D}}$$
$$= \frac{r}{g+r} \qquad \cdots\cdots ⑨$$

から，

$$\Delta R = \frac{r}{g+r} \Delta H \qquad \cdots\cdots ⑩$$

となります。

現金準備の増加 ΔR は，$\Delta D = \dfrac{1}{r} \Delta R$ の関係から，

$$\Delta D = \frac{1}{r} \Delta R = \frac{1}{r} \cdot \frac{r}{g+r} \Delta H$$
$$= \frac{1}{g+r} \Delta H \qquad \cdots\cdots ⑪$$

となります。マネー・サプライの増加 $\Delta M = \Delta C + \Delta D$ は⑧と⑪式の合計ですから，

$$\Delta M = \Delta C + \Delta D = \left(\frac{g}{g+r} + \frac{1}{g+r} \right) \Delta H$$

$$= \left(\frac{g+1}{g+r} \right) \Delta H \qquad \cdots\cdots ⑫$$

となり，先の⑥式と同じ結果を得ることができるということがわかります。

▎貨幣乗数の不安定性　⑥式より，中央銀行（日本銀行）がハイパワード・マネーの大きさを決定することができれば，その貨幣乗数倍のマネーが供給できることになります。

ここで，貨幣乗数の安定性をみておきます。現実には，公衆による現金・預金比率 g がさまざまな要因によって変化する可能性がありますので，貨幣乗数は必ずしも安定的なものとはいえません。

たとえば，預金金利が上昇する場合には，現金保有に対する機会費用が高まるために g は低下します。逆に，預金金利が低い場合や銀行に対する信頼が揺らいでいる時には現金の選好が高まりますから，g は上昇します。g の低下は貨幣乗数を高めますが，g の上昇は貨幣乗数を低めることになります。

したがって，たとえ中央銀行による金融緩和政策によってハイパワード・マネーが増加したとしても，一定の乗数倍のマネー・サプライが増えるとは限らないということです。

お金の86％が１万円札！

１万円札や100円硬貨がどのくらい流通しているか，2006年末のデータでみましょう。ここで表示している単位は100億円で，10億台はすべて切り捨ててあります。

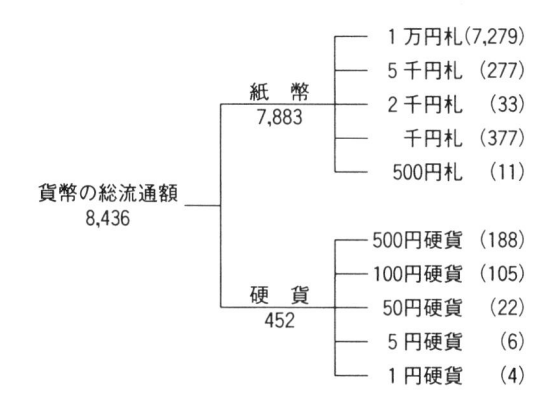

```
                                    ┌─ １万円札 (7,279)
                                    ├─ ５千円札  (277)
                          紙 幣 ────┼─ ２千円札   (33)
                          7,883     ├─ 千円札    (377)
                                    └─ 500円札    (11)
  貨幣の総流通額 ──┤
      8,436                         ┌─ 500円硬貨 (188)
                                    ├─ 100円硬貨 (105)
                          硬 貨 ────┼─ 50円硬貨   (22)
                           452      ├─ ５円硬貨    (6)
                                    └─ １円硬貨    (4)
```

貨幣の総流通額は84兆円ほどですが，約94％が紙幣，硬貨は６％程度にしかすぎません。

１万円札を千枚，つまり1,000万円を積み重ねると，約10cm位になるようです。身の丈に相当する額はいくらでしょうか。ちなみに，身長が170cmであれば１億7,000万円ぐらいになるようです。

演 習

〔設問〕日本銀行勘定と市中銀行勘定がそれぞれ以下のような貸借対照表（B／S）で示されるとき，マネー・サプライの増減要因をB/S中の記号を用いると，
$\Delta c + \Delta d = \Delta f + [\Delta bg + \Delta b + \Delta bp - \Delta dg] + \Delta l$ で示されることを説明しなさい。

日 本 銀 行		市 中 銀 行	
$TB\ (bg)$	日 銀 券 $(c+v)$	現　　金 (v)	預　　金 (d)
国　　債 (b)	準備預金 (r)	日銀預け金 (r)	日銀借入 (ln)
日銀貸出 (ln)	政府預金 (dg)	民間貸出 (l)	
対外資産 (f)		国　　債 (bp)	

〔記号：$c=$民間保有現金，$v=$金融機関保有現金〕

【解答・解説】

日銀のB/Sの借方と貸方は等しいから，

$$bg + b + ln + f = c + v + r + dg \quad \cdots\cdots ①$$

となる。一方，市中銀行のB/Sから，

$$v + r + l + bp = d + ln \quad \cdots\cdots ②$$

となる。ここで，①と②式の借方の合計と貸方の合計から，③の式となる。

$$bg + b + f + l + bp = c + dg + d \quad \cdots\cdots ③$$

③式を$c+d$について解くと，④式を得る。

$$c + d = f + (bg + b + bp - dg) + l \quad \cdots\cdots ④$$

④式の各項目の増分をとると，これが求める式となる。

$$\underset{\text{マネー・サプライの増減}}{\Delta c + \Delta d} = \underset{\text{対外資産増減}}{\Delta f} + \underset{\text{対政府信用の増減}}{(\Delta bg + \Delta b + \Delta bp - \Delta dg)} + \underset{\text{民間貸出増減}}{\Delta l}$$

13 日本銀行の金融調節

　マネー乗数アプローチの考え方にしたがうと，マネー・サプライはハイパワード・マネーの乗数倍として決定されます。こうした考え方によれば，中央銀行はハイパワード・マネーを安定的にコントロールすることによって，マネー・サプライを安定的にコントロールできることになります。

　ところが，現実のマネー・サプライは必ずしもこうしたメカニズムで決定されるわけではありません。その一つの理由は現行の準備預金制度のもとで，日本銀行はハイパワード・マネーを能動的にコントロールしていないということです。これを理解するためには，日銀の金融調節の中身をみておく必要があります。そこで，この章では日本銀行による金融調節が実際にはどのように行われているかをみておきます。

1　準備預金の変動要因

日本銀行当座預金の変動

　日本銀行の金融調節とは，現行の準備預金制度のもとで日本銀行信用の供与や回収を通じて市中金融機関の準備預金を調節することです。前章で説明したように，金融機関は顧客から預金を預かるとその一定割合を日本銀行に開設してある口座に預けなければなりません。それを日本銀行当座預金といいます。この日銀当座預金の増減がハイパワード・マネーの変動につながります。そこで，まず市中金融機関の準備預金である日本銀行当座預金が変動する要因を整理しておきます。それは，次の4つからなります。

(1) 金融機関と家計・企業の間での現金流出入

金融機関は手持ちの現金準備を常にぎりぎりに圧縮しているので,家計・企業が銀行から預金を引き出す(日本銀行券の流出)と準備預金は減少し,預金を預け入れる(日本銀行券の還収)と準備預金は増加します。

(2) 政府と家計・企業間での財政資金の支払い・受け取り

たとえば,公共投資の資金が政府から民間企業に支払われる(財政資金が支払われる)と企業はその資金を銀行に預けるので準備預金が増加します。一方,政府が税金を受ける場合(財政資金の受け取り)には,家計・企業は銀行預金を引き出すので銀行の準備預金は減少します。

(3) 日本銀行から金融機関への信用供与

日本銀行貸出や買いオペの形で日本銀行から市中金融機関に信用供与がなされると,その分だけ準備預金は増加します。逆に日本銀行信用が回収されると,その分だけ準備預金は減少します。

(4) 市中金融機関相互の間の資金決済

たとえば,手形交換尻が「勝ち」(支払手形<受取手形)である金融機関の準備預金残高はその分だけ増加し,「負け」(支払手形>受取手形)の金融機関の残高は減少します。ただし,市中金融機関全体としてみれば,個々の資金決済は相殺されてしまうことになります。したがって,全体としての準備預金の変動をみる場合にはこの部分は省かれます。

2 資金需給式

市中金融機関全体の準備預金残高の変動は,(1)日本銀行券の還収・発行,(2)財政支出の支払い・受け取り,(3)日本銀行信用の供与・回収の3つの要因によって生じることになります。これを準備預金の増減額ベース(フローベー

ス）で表現したものが資金需給式です。それは次のようになります。

準備預金増加（減少）＝日本銀行券の還収（発行）
　　　　　　　　　　＋財政資金の支払い（受け取り）
　　　　　　　　　　＋日本銀行信用の供与（回収）

　この資金需給式において，日本銀行は日本銀行券の還収（発行）と財政資金の支払い（受け取り）の合計を資金過不足とよびます。資金不足（準備預金減少）の場合は，短期金融市場の需給が引き締まり，資金余剰（準備預金増加）の場合には短期金融市場の需給が緩和されることになります。

3　日本銀行の金融調節

　資金過不足に対する金融調節には，(1) 短期金融市場の需給変化をならして短期金融市場の安定化を図る受動的調節と，(2) 金融市場の需給変化を主導的につくり出していこうとする積極的調節があります。
　日本銀行の場合には，資金過不足をほぼ相殺するような形で日本銀行信用の回収・供与を行っており，その意味で日本銀行の金融調節は受動的調節です。このことは，先の資金需給式で示された各項目が実際にどのように変動したかを表す資金需給実績表で確認することができます。日本銀行はそれぞれの期において，資金過不足をほぼ相殺する形で日本銀行信用の供与・回収を行っています。その結果として，ハイパワード・マネーの変動は資金需要に対応して受動的に行われています。

4　準備預金の積み進捗率の調節

　日本銀行は積立期間中を通じて超過準備がゼロになるように金融調節を行っています。したがって，積極的調節は不可能ということになります。
　そうしたなかで，日本銀行のとりうる積極的調節とは「準備預金の積み進

捗率」の調節です。準備預金の積み進捗率とは，ある時点における準備預金残高の累計値が所要額の積み数に対してどのくらいのペースで積み立てられているかを示す比率です。

日本銀行は，短期金融市場，特にコール・手形市場の需給を引き締めてコール・手形レートを上昇させたい場合には，日々の「資金不足」に対する信用供与を少なめにすることによって，「準備預金の積み進捗率」を標準的な経路よりも遅らせることができます。一方，短期金融市場の需給を緩和してコール・手形レートを引き下げたい場合には，日本銀行は「準備預金の積み進捗率」を早めるように信用供与を多めにするような金融調節を行うことになります。

5 日本銀行当座預金増減要因

日本銀行は2000年8月にゼロ金利政策を解除した後，2001年3月に量的緩和政策へと政策転換し，日銀当座預金残高を5兆円程度に設定したことから，金融政策の操作目標がコール・レートから，日銀当座預金へと変更されています。そのために，従来の資金需給式は日銀当座預金増減要因式に変わり，

　日銀当座預金増加（減少）＝日本銀行券の還収（発行）
　　　　　　　　　　　　　＋財政資金の支払い（受け取り）
　　　　　　　　　　　　　＋日本銀行信用の供与（回収）

となっています。両者の相違は準備預金が日銀当座預金に変わったことです。

日本銀行による日銀当座預金残高の増加という形での金融緩和政策は，ハイパワード・マネーを増加させると貨幣乗数倍のマネー・サプライを生みだすことができるというねらいがあります。具体的には，日銀が日銀当座預金をターゲットとして潤沢な資金供給を行うと，金融機関は利子を生まない日銀当座預金の運用先を利子を生むものに切り換えていくと期待できます。その結果，企業等への貸出が増えれば，マネー・サプライの増加につながるということです。

そうなんだ！

マネー・サプライが増えると、経済活動にどんな影響があるのか。

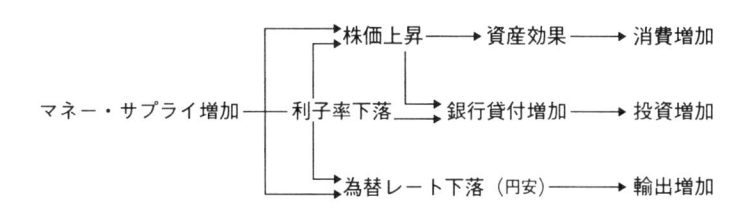

マネー・サプライ増加 ─┬─→ 株価上昇 ──→ 資産効果 ──→ 消費増加
　　　　　　　　　　├─→ 利子率下落 ─→ 銀行貸付増加 ──→ 投資増加
　　　　　　　　　　└─→ 為替レート下落（円安）──→ 輸出増加

ⅰ）マネー・サプライが増えて利子率が下がると、預金より株式での運用が有利になるので、株価が上昇します。それにより、人々の資価値産が増え、資産効果により消費が増えます。

ⅱ）マネー・サプライを増やすと、利子率が下がって、企業の投資が増えます。これらのⅰ）とⅱ）の効果は内需拡大効果となります。

ⅲ）マネー・サプライの増加により利子率が下がると、外国での資産運用の方が有利になりますので、円をドルに換える人が多くなります。その結果、円が売られて、為替レートは円安となります。円安になると、輸出が増加、輸入が減少しますので、いわゆる外需が拡大する効果が期待されます。

結局、内需と外需が増加しますから、国民所得が増加すると考えることができます。

演習

〔設問〕次の統計表はある年の資金需給実績表である。この統計表についての説明文のなかで、不適切なものはどれか。

（単位：億円）

銀行券	財政資金				その他	資金過不足（△）	準備預金	日銀信用					FB, CD オペ
		一般財政	国債	外為					貸出	債券売買	借入手形	売出手形	
51,017	3,992	35,904	△3,587	△29,323	10,259	57,284	1,420	55,864	△15,288	17,154	41,000	－	9,947

(1) 資金需給実績表をみると，当年度における日銀券5兆1,017億円とは日銀券の増発額に相当し，これに相当する資金余剰が発生したことを表している。

(2) 一般財政は3兆6,904億円の払い超で，これが当該年度の資金繰り好転に大きく貢献している。国債（3,587億円）は金融機関の引受額で，相当額の国債代金を政府に支払ったことを意味する。

(3) 外為（2兆9,325億円）は輸入超過により，円資金不足になって，円資金繰りが悪化したことを示している。こうした状況は輸入業者が輸入代金決済のために預金を引き出し，ドルを金融機関から買い入れ，さらに金融機関は外為市場で円を売ってドルを買うためにドル不足が発生する。

(4) 5兆7,284億円の資金不足に対して日銀は5兆5,864億円の信用供与を行っている。その内訳は債券買いオペ1兆7,154億円，買入手形4兆1,000億円，FB・CDオペ9,947億円であり，日銀貸出の返還分1兆5,288億円と準備預金の取崩分1,420億円が若干資金不足解消に役立っている。

【解答・解説】

《(1)が正解》

日銀券の増発に伴って，日銀預け金が取り崩されることを意味している。このことから，日銀券の増発は資金不足が発生していたことを表している。

14　貨幣需要の理論

１　貨幣数量説

　これまで貨幣供給についてみてきましたが，次には利子率決定に必要なもう一つの要因である貨幣需要について考察していきます。貨幣需要の理論は，経済学説史的には最初「貨幣数量説」という形で展開されましたが，現代マクロ理論においては，その後に登場したケインズ理論に基づく理論が主流となっています。

　まず，貨幣数量説に基づく貨幣需要の理論をフィッシャーの交換方程式とケンブリッジ現金残高方程式を中心にして整理しておきます。

▌フィッシャーの交換方程式　　一定期間における経済活動の取引総額は，実質取引数量をT，財・サービスの平均取引価格をPとしますと，PTとなります。取引に先立って存在していた貨幣量をMとしますと，その貨幣で取引総額PTを賄うのに$\frac{PT}{M} = V$だけ貨幣が回転しなければなりません。この貨幣の回転を**貨幣の流通速度**（V）といいます。両辺にMをかけますと，

$$MV = PT$$

という事後的な恒等式が成立します。この恒等式を**フィッシャーの交換方程式**といいます。

　ここでVとTは一定と仮定されており，Tは中間生産物を含めた大きさと考えられています。よって，フィッシャーの交換方程式での貨幣需要は取引額に比例すると考えられます。

ケンブリッジ現金残高方程式　交換方程式で V が与えられているとき，M に等しい貨幣残高が存在することを示した方程式が**ケンブリッジ現金残高方程式**です。それは，

$$M = kPY$$

で示されます。つまり，この式は名目所得 PY の一定割合（k）に相当する大きさだけ貨幣が需要されるという関係を示しています。この式を変形すると，

$$k = \frac{M}{PY}$$

となります。上式の k は貨幣量を名目所得で割った値であり，**マーシャルの k** とよばれています。

マーシャルの k　マーシャルの k は貨幣の流通速度 V の逆数になっていますが，名目国民所得と取引に必要な貨幣量との関係を表すという意味で重要な指標であるといえます。

マーシャルの k が 1 を上回る場合には実体経済の必要を超えて貨幣が需要されていることを意味します。

2　流動性選好理論

流動性選好　マクロ経済学において，貨幣需要の理論の中心となっているのがケインズの流動性選好理論です。**流動性**というのは，時間も費用もかけずに即時的にすべての財・サービスの購買に使用できるという貨幣の特殊な能力のことです。即時的購買力という点で，貨幣は流動性を100％有するものであるといえます。それゆえ，ケインズは貨幣需要を流動性選好とよびました。

貨幣需要の動機　ケインズは貨幣需要，すなわち流動性選好の動機を 3 つに分けています。

(1) **取引動機**……家計や企業が日常取引をまかなうために保有する貨幣を**取引動機に基づく貨幣需要**といいます。
(2) **予備的動機**……日常の経済活動における不意の出来事や不測の事態に備えるための貨幣需要を**予備的動機に基づく貨幣需要**といいます。

この取引動機と予備的動機に基づく貨幣需要は，日常的な経済取引が多くなるほど増大すると考えられます。そこで，この2つの動機による貨幣需要を**取引貨幣需要**としてL_1の記号で表しますと，取引貨幣需要L_1は所得Yの増加関数として次のように定式化できます。

$$L_1 = L_1(Y)$$

(3) **投機的動機**……これは債券市場において将来の予想から利益を得る目的で貨幣を需要することであり，**資産貨幣需要**とよばれます。この投機的動機に基づく貨幣需要は，主に債券投資家による貨幣と債券の間の選択の問題として説明されます。詳しくは次の「流動性選好と利子率」の節で説明します。

3 流動性選好と利子率

┃債券か貨幣か　投機的動機に基づく貨幣需要は，もっぱら債券投資家によって貨幣か債券かの選択の結果として行われると考えられます。もし近い将来，利子率が上昇すると予想したとすると，債券価格は利子率と逆に変化するので投資家は資本損失を回避するために，手持債券を売却して貨幣を保有するでしょう。一方，利子率が下落すると予想する場合には，債券価格上昇の期待のもとに，資本利得を見込んで貨幣を手離し，債券の購入に向かいます。前者が弱気筋であり，後者が強気筋です。

どの利子率水準でも弱気の人々と強気の人々が存在するが，現行利子率の低下に伴い，弱気筋が強気筋を次第に圧倒するようになるので，投機的貨幣需要は利子率の低下とともに増大します。これは，現行利子率と予想利子率から次

のように説明することができます。

いま,現行利子率をi,将来の予想利子率を$i+\Delta i$,債券の確定利子をDとすると,債券の現在価値は$\dfrac{D}{i}$,将来価値は$\dfrac{D}{i+\Delta i}+D$となります。貨幣が保有されるのは,債券の将来価値が現在価値を下回る場合であるから,貨幣保有が選好されるのは,

$$\dfrac{D}{i} > \dfrac{D}{i+\Delta i} + D \qquad \cdots\cdots ①$$

のときです。この式を整理すると(注),

$$\Delta i > i^2 + i \cdot \Delta i \qquad \cdots\cdots ②$$

となります。$i \cdot \Delta i$はきわめて小さな値であるので,これを捨象すると,

$$\Delta i > i^2 \qquad \cdots\cdots ③$$

となります。③式が投機的動機に基づく貨幣保有の条件です。この式から,投機的貨幣需要が利子率の減少関数となることが説明できます。

たとえば,いま現行利子率を10%とすると,$i^2=0.1\times 0.1=0.01=1\%$であるから,将来,利子率が現行利子率より1%以上上昇すると予想する人々だけが資産として貨幣を保有するということになります。実際には,このように大きな利子率変化を予想する人は少ないので,10%といった高い利子率のもとでは多くの人が債券を保有するので,投機的動機による貨幣需要は少ないと考えられます。

一方,現行利子率が4%であるとすると,$i^2=0.04\times 0.04=0.16\%$となります。この場合には,将来,利子率が現行利子率よりわずかに0.16%以上上昇すると予想する人は,資産として貨幣を保有することを選択することになります。利子率が4%と低い場合には,わずかな利子率上昇でも資本損失をまね

(注)①式の両辺に$(i+\Delta i)$をかける。次に,両辺にiをかける。最後に,両辺からiを引くことによって,②式が得られる。

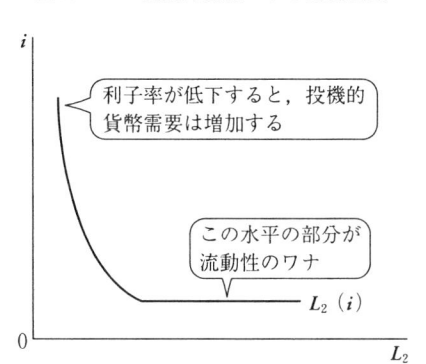

図14−1　投機的動機による貨幣需要

利子率が低下すると，投機的貨幣需要は増加する

この水平の部分が流動性のワナ

$L_2(i)$

くことになるので，多くの投資家が弱気となり，貨幣需要を増大させます。

そこで，この貨幣需要の大きさを L_2 とし利子率を i で示すと，

$$L_2 = L_2(i)$$

で表すことができます。この式をグラフで示すと，利子率に対し右下がりの曲線で描かれます（図14−1）。

流動性のワナ　　利子率が極端に低い状況では，投機的貨幣需要を表す曲線が水平化し，利子率に対して無限に弾力的となる可能性があります。これが流動性のワナの状態です。これは，利子率が極端に低下するとほとんどすべての人が弱気に転じて，低率の利子しか生まない債券よりも貨幣の保有を望むためです。

このことは，先に示した貨幣保有の条件式

$$\Delta i > i^2$$

を用いて次のように説明することができます。

いま，現行利子率が2％の水準まで低下したとすると，$i^2 = 0.02 \times 0.02 = 0.04$％となります。これは，人々が将来，利子率が現行利子率よりわずかに

0.04％以上高まると予想する場合でも，債券よりも貨幣を資産として保有することになることを意味しています。ほとんどすべての人の予想がそうなるので，結果として貨幣需要は無限大となり，流動性のワナが生じることになります。そのために，この領域では，L_2関数は図14－1に示されるように横軸に平行となります。

以上のことから，社会全体の貨幣需要をLとしますと，

$$L = L_1(Y) + L_2(i)$$

となり，この式を**流動性選好関数**といいます。この関数で流動性とは貨幣のことで，選好は需要ですから，貨幣需要関数と考えればわかりやすいでしょう。

4 利子率決定論

貨幣供給と貨幣需要　貨幣市場における均衡利子率は，実質貨幣供給量$\frac{M}{P}$と貨幣需要Lが等しくなる点で決定されることになります。

このうち貨幣供給量は，マネー乗数アプローチにしたがって，$\frac{M}{P} = \frac{g+1}{g+r} H$から決定されます。ここで，物価水準（$p$）が一定の仮定のもとで，貨幣乗数とハイパワード・マネーを与えられるものとしますと，$\frac{M}{P}$は一定水準となります。

貨幣需要量Lは，すでに説明したように，取引貨幣需要L_1と投機的貨幣需要L_2の合計となりますので，$L = L_1(Y) + L_2(i)$となります。

利子率決定　利子率は，貨幣市場における$\frac{M}{P}$とLの均衡点で決定されます。この流動性選好による利子率決定のメカニズムは図14－2に基いて説明することができます。

図14－2（A）には所得Yの関数としての取引貨幣需要L_1の大きさが示されています。この図から国民所得がY_0のとき，L_1^0の取引貨幣需要が生じています。このL_1^0を図14－2（B）に転記しますと，L_1^0の幅の垂直線で表すこと

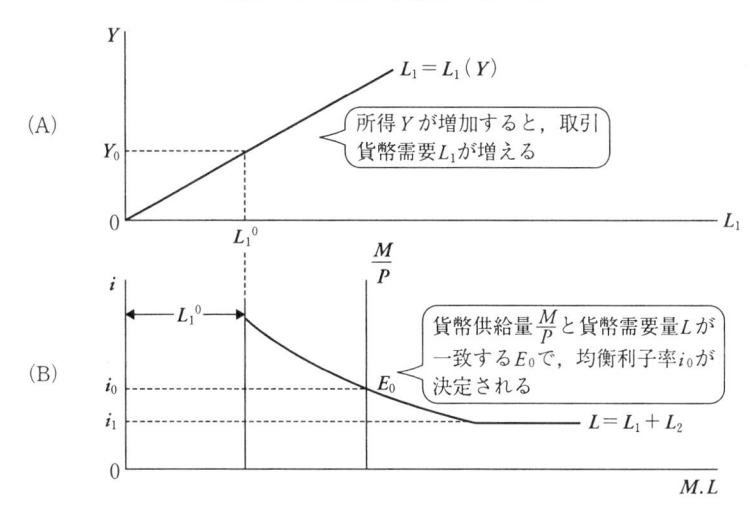

図14－2　利子率決定のメカニズム

(A) 所得 Y が増加すると，取引貨幣需要 L_1 が増える
$L_1 = L_1(Y)$

(B) 貨幣供給量 $\frac{M}{P}$ と貨幣需要量 L が一致する E_0 で，均衡利子率 i_0 が決定される
$L = L_1 + L_2$

になります。

次に，図14－2（B）の L_1^0 の水準を原点とみなして，その右に L_2 の大きさを表す右下がりの曲線を描きますと，結果として，この右下がり曲線が取引貨幣需要と投機的貨幣需要を合わせた貨幣需要曲線となります。

この図において，貨幣の需要と供給が均衡するのは E_0 点です。したがって，均衡利子率は i_0 に決定されます。

利子率の決定要因　この利子率決定論から，次のことが明らかになります。

① 国民所得 Y の増加は L_1 を増加させ，垂直線で示される L_1 を右方にシフトさせるから，均衡利子率は上昇します。

② 金融緩和政策によるハイパワード・マネーの増加（ΔH）は貨幣乗数を介して実質マネー・サプライを増加させます。このことは図14－2（B）の $\frac{M}{P}$ 線を右方にシフトさせます。その結果として，均衡利子率は低下します。

③ 図の利子率 i_1 の水準のように，貨幣市場が流動性のワナに陥っている場合には，たとえ金融政策による貨幣供給量の増加があったとしても，利子率は変化しないことになります。

④ i_0 より利子率が高いとき，$M>L$ となっているから，余剰貨幣は債券買いに向かうので，債券の価格が上昇します。よって，利子率は下落します。

⑤ i_0 より利子率が低いとき，$M<L$ となっていることから，債券を売って貨幣の不足を補うことになるので，債券の価格は下落します。よって，利子率は上昇します。

▌貨幣市場と債券市場　次に，貨幣市場と債券市場の両市場から均衡利子率の決定を考えていくことにしましょう。まず，両市場を並べたグラフを描いてみます。図14－3の左側が貨幣市場で，L が貨幣需要曲線，M/P が貨幣供給曲線です。L と M/P の交点で**均衡利子率 i_0** が決定されます。

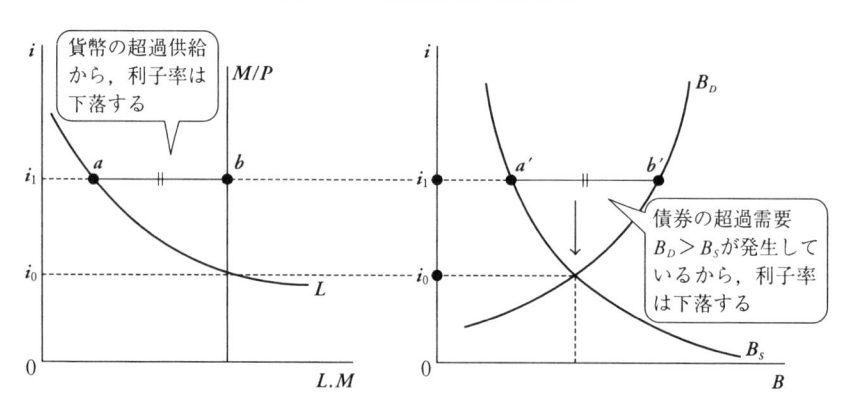

図14－3　貨幣市場と債券市場

また，右側には債券市場の需給曲線が示されています。利子率が高いほど一定金額から得られる利子収入は大きくなるから，債券に対する需要は増加します。それゆえに，債券需要曲線は右上がりの曲線 B_D となります。

他方で，利子率が高いほど，債券の所有者が手放さなければならない利子収

入は大きいから、債券の供給は小さくなります。よって、債券の供給曲線 B_S は右下がりとなります。この両曲線の交点で利子率が決定されます。したがって、利子率は、債券・貨幣の両市場で同一水準に決まることになります。

図14−3において利子率が i_1 のとき、貨幣市場では $M>L$ となっていて、超過供給が a と b の差だけ存在します。このとき、債券市場で $B_D>B_S$、つまり a' と b' の差だけ超過需要が存在し、貨幣の超過供給＝債券の超過需要となっています。貨幣市場が i_0 で $L=M$ となり、均衡が成立しているときには債券市場で $B_D=B_S$ となってやはり均衡が成立しています。よって、いずれの市場でも利子率の決定は説明できるわけです。

そうなんだ！

ピグーvsケインズ

ピグーとケインズの失業対策に関するディベートに耳を傾けてみよう。
ケインズにピグーはおもむろに大恐慌時の失業対策を切り出したとしましょう。

ケインズ：先生、大量失業に対してどういう手をうったらいいんですか。

ピ グ ー：大量失業が発生しているということは、賃金率が高すぎるからです。賃金率を下げれば、労働需要が増加し、労働供給が減少するから、失業は減ります。

ケインズ：先生、賃金率を下げるということは、労働者の収入が減ります。家計は収入が減れば消費支出を減らさなければなりません。そのため、企業は生産を減らし、失業はむしろ増加すると思いますが？

ピ グ ー：ケインズ君、それはきみの誤解だよ。
つまり、賃金率を下げるということは生産コストが下がるということだから、商品価格が下がり、物価が下落するということだよ。物価が下がれば（資産／物価水準）から、実質資産が増加し、それによって消費支出が増え、生産が増えるから、失業は減ることになるということだ。

ケインズ：先生、その考え方も私には納得できません。
物価が下がるということは、（マネー・サプライ／物価水準）から、実

質マネー・サプライが増加し，それによって利子率が下落します。利子率が下落すれば投資が増加するから，所得が増加し，失業は減ると考える方がわかりやすいのではないでしょうか。

ピ グ ー：それにも一理あるね。

コメンテイター：以上のディベートのようなことがあったかどうかはわからないが，ピグーとケインズの論争から生まれた概念もあります。つまり，下線部（A）のことをピグー効果，下線部（B）のことをケインズ効果といいます。

演 習

〔設問〕「マーシャルの k」の説明として正しいものはどれか，下記の中から一つ選びなさい。

(1) 国民所得に対する投資の割合であり，長期的にはほぼ一定の値をとるものとされている。
(2) マネー・サプライに対する投機的貨幣需要量の割合であり，過剰流動性の指標となっている。
(3) 国民所得に対する貯蓄の割合であり，貨幣需要変化の指標となっている。
(4) 国民所得に対するマネー・サプライの割合であり，短期的にはほぼ一定の値をとるものとされている。

【解答・解説】

《(4) が正解》

マーシャルの k は国内総生産（GDP）に対するマネー・サプライ M の割合である。したがって，

$$\text{マーシャルの}k = \frac{\text{マネー・サプライ}}{\text{国内総生産}} \left(\frac{M}{GDP}\right)$$

となる。マネー・サプライは M_1，あるいは $M_2 + CD$ で測られているので，

$$\text{マーシャルの } k = \frac{M_1}{GDP}$$

あるいは,

$$\text{マーシャルの } k = \frac{M_2 + CD}{GDP}$$

となる。よって, (4)が正解である。

15 マクロ経済と資金循環

1　資金循環構造

　第1章の「1　経済循環と国民経済」のところでみましたように，国民経済は各経済主体の間で循環的な結びつきをもっています。経済循環においては，"モノ"と"お金"が反対方向に流れていますが，お金の流れに注目すると，経済循環におけるもう一つの重要な側面がみえてきます。それは，金融を通じた資金の循環です。

資金余剰と資金不足　経済活動を行っている経済主体は家計，企業，政府，海外部門の4つに分けることができますが，各主体とも貯蓄した資金をもとにして投資を行います。さらに，貯蓄だけで資金が足りない場合は借入れを行い，一方，投資以外に金融資産での運用も行います。そこで，まず国内の経済主体である家計，企業，政府の実物・金融に関する取引をみてみると，そこには次の関係が成り立つことがわかります。

$$I + \Delta A = S + \Delta L \qquad \cdots\cdots ①$$

　ここで，I は投資，S は貯蓄であり，ΔA は金融資産の増加，ΔL は金融負債の増加を表します。左辺の「$I + \Delta A$」は，資金の使途を表しており，いずれかの形で調達された資金は，在庫・設備・住宅といった投資 I に回されるか，預貯金，有価証券の購入といった金融資産の増加 ΔA に向けられます。

　一方，右辺「$S + \Delta L$」は資金の源泉を表しています。つまり「$I + \Delta A$」に必要な資金は，貯蓄 S でまかなわれますが，不足する場合にはどこからか調達してくることになります。これが，金融負債の増加 ΔL となります。

①式を変形すると,

$$S - I = \Delta A - \Delta L \qquad \cdots\cdots ②$$

となります。②式は,家計,企業,政府のそれぞれについて成り立ち,$S>I$ の経済主体は $\Delta A > \Delta L$ となり,貯蓄超過に見合う金融資産の増加が生じます。これを**資金余剰部門**といいます。一方,$S<I$ の経済主体は $\Delta A < \Delta L$ となり,金融負債の増加が生じます。これを**資金不足部門**といいます。

経済全体としてみれば,赤字主体 ($S<I$) は黒字主体 ($S>I$) から不足資金を調達するということになります。

▍海外部門と国内部門　次に,海外部門における資金余剰と資金不足の問題を確認し,それと国内経済との関係をみておきます。海外部門の経常収支が黒字であると仮定すると,国際収支勘定においては,

　ⅰ)経常収支黒字 ＝ 自国の輸出 (EX) ＞ 自国の輸入 (IM)
　ⅱ)自国の対外債権増加 ＝ 自国の対外貸出 ＞ 自国の対外借入
　ⅲ)海外部門の資金不足 ＝ 海外部門の借入 ＞ 海外部門の貸出

となります。

さらに,国民所得勘定におけるマクロ経済のバランス式は,消費を C,税金を T とすると,

国内総生産 $GDP = C + S + T = C + I + G + EX - IM$

であるので,

$$(S - I) = (G - T) + (EX - IM)$$

となります。したがって,海外部門の資金不足 ($EX>IM$) は,自国の民間部門における貯蓄・投資の差額 ($S>I$) から財政赤字 ($G>T$) の額を差し引いた値に等しくなることがわかります。

2 資金循環表

資金循環勘定　家計，企業，政府は，おのおのが資金不足の場合には，金融市場を通じて何らかの形で資金の調達をします。一方，資金余剰分については，これも何らかの形で運用することになります。たとえば，家計部門については，一般的に余剰資金の多くは，現金・要求払預金や定期性預金，保険などの形で運用され，資金不足の場合は金融機関からの借入れという形で調達されることになります。

こうした資金の調達・運用に関して，それぞれの部門が余剰資金をどのような形で運用し，資金不足をどのような形で調達しているかを一つの表にし，経済全体の資金の流れをとらえたものが資金循環勘定であり，これを表にしたものが資金循環表です。

資金循環表の仕組み　資金循環勘定には，ある年中（または，年度中）における資金の流れを記録した金融取引表とその年度末における金融資産・負債の蓄積状況を記録した金融資産負債残高表があります。両者とも，各部門（列）と取引項目（行）を表す構成となっています。表15－1に示されているのは金融取引表（ただし，実際の金融取引表よりは取引項目が簡略化されている）です。

(1) 部門別構成と取引項目

資金循環表を構成する部門は，(1) 金融，(2) 中央政府，(3) 公社公団および地方公共団体，(4) 法人企業，(5) 個人，(6) 海外，の6部門に分けることができます。なお，(1) の金融はさらに日本銀行，民間金融機関，公的金融機関に分けることができます。

次に，取引項目は，(1) 日銀預け金，(2) 現金通貨，(3) 要求払預金，(4) 定期性預金，(5) 譲渡性預金，(6) 非居住者預金・外貨預金，(7) 政府当座預金，(8) 信託，(9) 保険，(10) 有価証券，(11) 日銀貸出，(12) コール，(13) 買入手形・売渡手形，(14) コマーシャル・ペーパー，(15) 貸出金（民間金融機関貸出，公的金融機関貸出），(16)

15 マクロ経済と資金循環　125

(単位：千億円)

部門 取引項目	金融		政府,公団 および地方 公共団体		法人企業		個人		海外	
	資産	負債	資産	負債	資産	負債	資産	負債	資産	負債
日 銀 預 け 金	-10	-10								
現 金 通 貨		8			1		7			
預 金 通 貨		374	29		-53		396		2	
信　　　　託		67	1		20		46			
保　　　　険		191					191			
有 価 証 券	96	10	3	41	-5	115	-71		149	
日 銀 貸 出 金	40	40								
コール・手形	70	70								
コマーシャル・ペーパー	-25				-9	-34				
金融機関貸出金	476			36		303		137		
企 業 間 信 用					35	-14	50			
対外債券・債務	73	-162			33	-1			-144	105
そ の 他		135	74		35					
資 金 過 不 足		-3		30		-311	382		-98	

(注) 資金過不足の欄のプラスの数値は「資金余剰」，マイナスの数値は「資金不足」を示している。

表15－1　金融取引表

企業間信用，(17)財政投融資資金預託金，(18)外貨準備高，(19)貿易信用，(20)直接投資，(21)その他対外債権・債務，(22)その他，の22項目に分類できます。ここまでは，金融取引表も金融資産負債残高表も同じ項目になっています（表15－1では，これらの項目が簡略化されている）。取引項目の下には，金融取引表では各部門ごとの資金過不足が，金融資産負債残高表では各部門ごとの資産・負債の差額が記録されています。

(2) 資金過不足

ⅰ) 資金の運用は資産の増減となり，資金の調達は負債の増減となって表されるので，これらの差額が資金過不足となります。

ⅱ) 資金過不足欄がプラスのときは資金余剰，マイナスのときは資金不足となります。

iii) 国内部門の資金過不足欄の合計がプラス（マイナス）のとき，海外部門の資金過不足欄はマイナス（プラス）となります。マイナスの場合には，経常収支が黒字であることを示しています。

(3) 間接金融比率

非金融部門の負債のうち，金融部門を通じて調達されたものを間接金融といいます。ここから，間接金融の大きさを示す間接金融比率を求めることができます。まず，中央政府，公社・公団，地方公共団体，法人企業，個人，海外の各部門の負債発生額を求めます。具体的には，これらの部門の有価証券，貸出金，その他の負債欄を合計することによって求められます。次に，金融部門の有価証券，貸出金，その他の資産・負債の差額を合計します。後者の合計額を前者の合計額で割った値が間接金融比率です。

そうなんだ！

お金の流通経路は２つに分けられる！

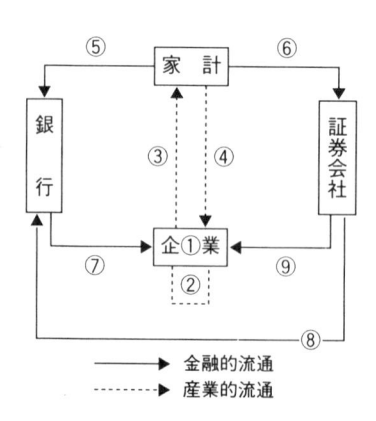

お金の流通は，家計と企業の間でやり取りされる産業的流通と銀行や証券会社を媒介とする金融的流通の２つに分けられます。その中身は図にしたがって①から⑨の経路で結びついています。

［産業的流通］
　①は企業間での財・サービス取引に伴うマネー・フローです。②はある企業が他

の企業から投資財を購入した場合のマネー・フロー，③は企業が家計に賃金や利子などの要素所得を支払うときのマネー・フローで，④は家計が企業から消費財を購入するときのマネー・フローで，これらすべてが産業的流通です。

[金融的流通]

産業的流通からのもれが貯蓄で，産業的流通への注入が投資となります。この貯蓄と投資をつなぐマネー・フローが貨幣の金融的流通です。

家計の行う貯蓄は産業的流通から貨幣を流出させて，⑤の銀行への預金や⑥の証券会社での株式や社債の購入になります。一方，銀行も⑤を取り入れて，⑦の企業への貸付を行ったり，さらに株式や社債の購入（⑧）を行ったりします。

ところで，企業は⑦の銀行からの借入れを行ったり，⑨の株式や社債発行によって調達した資金を生産活動の維持，拡大に使用することから，貨幣は再び産業的流通に流れ込んでいきます。

演習

[設問] 次の表は，資金循環勘定のうち金融取引表を簡略化したものである。これに関して下記の設問に答えなさい。

(単位：千億円)

部門 取引項目	金融 資産	金融 負債	中央政府 資産	中央政府 負債	公社公団および地方公共団体 資産	公社公団および地方公共団体 負債	法人企業 資産	法人企業 負債	個人 資産	個人 負債	海外 資産	海外 負債	合計資産・負債共通
日銀預け金	-1	-1											-1
現金，要求払預金		105					48		57				105
定期性預金等		321			8		109		193				321
信託・保険		251			1		67		183				251
有価証券	438	186	-17	119	1	26	23	53	48		5		384
日銀貸出金	21	21											21
コール・手形	72	72											72
貸出金	411			1		46		263		101			411
（ Ⓐ ）							-109	-120		11			-109
その他	262	263	60			-1	17	2	-31		231	378	642
資金過不足（-）		-15		-103		-61		-43		Ⓑ		-142	-
合計	1,203	1,203	43	43	10	10	155	155	450	450	236	236	2,097

(1) 取引項目の空欄Ⓐに入る適切な項目は以下のどれか。
　①　政府当座預金
　②　コマーシャル・ペーパー
　③　外貨準備高
　④　企業間信用
(2) 資金過不足の空欄Ⓑに入る適切な数字は以下のどれか。
　①　338
　②　－338
　③　228
　④　－228

【解答・解説】
(1)　④
(2)　①
　個人部門の資産総額は450，負債総額は112で，338の資金余剰となっている。

第4部 GDPと利子率

16 IS−LM分析

　これまで，財市場において総需要（D）と総供給（Y）の均衡，あるいは貯蓄（S）と投資（I）の均衡から国民所得水準が決定され，貨幣市場では貨幣供給（M）と貨幣需要（L）の均衡から利子率が決定されることをみてきました。ただし，これまでは，財市場と貨幣市場を別々に展開してきました。しかし，実際には，国民所得の水準は利子率の変化に大きな影響を受けますし，利子率の水準も国民所得の変動によって変化します。つまり，実際には財市場と貨幣市場は相互依存関係にあるといえます。そこで，マクロ経済における所得決定と利子率決定は一つのフレームワークのなかで説明する必要があります。それを説明するのが$IS-LM$分析です。

1　IS 曲線

　$IS-LM$分析のために使われる分析ツールの一つがIS曲線です。これは，国民所得決定論に基づいて，財市場における均衡国民所得と利子率の関係を表すものです。IS曲線は次のようにして導くことができます。

財市場と IS 曲線　　まず，IS曲線を導出する場合のポイントは，投資が利子率によって影響されるということを確認しておくことです。ケインズの投資決定論で示しましたように，民間投資は利子率が低下すると増加し，利子率が上昇すると減少する，と考えられます。

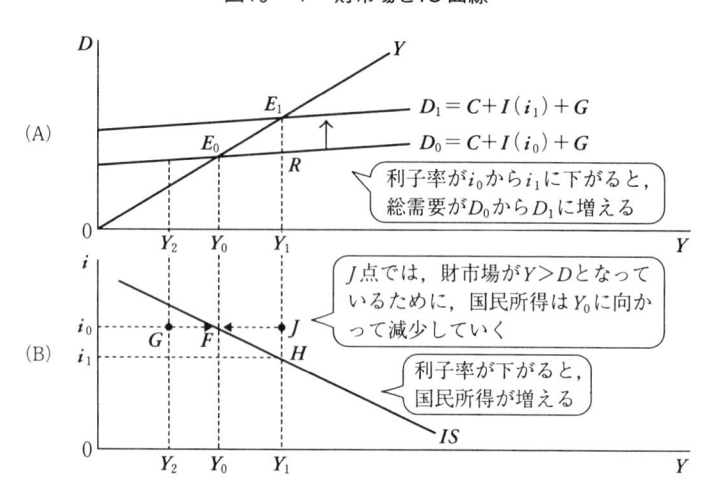

図16−1 財市場とIS曲線

(A) 利子率がi_0からi_1に下がると、総需要がD_0からD_1に増える

(B) J点では、財市場が$Y>D$となっているために、国民所得はY_0に向かって減少していく

利子率が下がると、国民所得が増える

図16−1の (A) には、海外取引を捨象した閉鎖経済における総需要と総供給の均衡による国民所得の決定が示されています。ここでは、総需要Dが、

$$D = C + I(i) + G$$

と示されます。この式では投資が利子率の関数であることが明示されています。そこで、総需要がD_0の水準に与えられますと、均衡点E_0に対応して均衡国民所得がY_0に決定されます。次に、利子率がi_0からi_1に低下しますと、投資が$I(i_0)$から$I(i_1)$に増加することになります。投資の増加に応じて総需要線がD_0からD_1へと上方にシフトすることになります。その結果、均衡点がE_0からE_1へと移りますので、国民所得はY_0からY_1へと増加することになります。ここから、財市場においては、利子率の低下が国民所得を増加させることがわかります。

そこで、横軸に国民所得をとり、縦軸に利子率をとった図16−1 (B) にこの所得と利子率の関係を描きますと右下がりの曲線が得られます。これが*IS曲線*です。図からもわかりますように、IS曲線は国民所得Yと利子率iの組み合わせを表す曲線ですが、ここで重要なことは、IS曲線上のそれぞれの組み

合わせ，たとえば $F(Y_0, i_0)$ および $H(Y_1, i_1)$ は，それぞれ（A）の E_0 と E_1 に対応していますので，財市場の均衡条件を満たしているということです。したがって，そこにおける国民所得 Y_0 や Y_1 は均衡国民所得です。

■ **財市場の不均衡と IS 曲線**　次に，財市場において総需要と総供給が不一致だった場合に IS 曲線の局面ではどうなっているかをみてみましょう。国民所得の決定は，図16－1（A）に示されていますので，不均衡の問題もここで考えることができます。その場合，これまでの財市場における国民所得決定の場面では利子率は一定と仮定されていますので，総需要と総供給の不一致によって生産水準が変化したとしても，利子率は出発点における i_0 の水準で変化しないという点に注意しておくことが必要です。

そこで，いま図16－1（A）において総需要が D_0 の水準にあるとき，総供給が Y_1 の場合に何が生じるかを考えてみます。Y_1 の水準では総需要は R 点の高さにありますが，総供給は E_1 の水準にあります。したがって，ここでは $Y > D$ となっています。この場合には，総供給が総需要を上回っているので，企業は売れ残りによる意図せざる在庫の増加を抱え込むことになるために生産を減少せざるを得ません。ゆえに，所得水準は Y_1 から Y と D の均衡点 E_0，すなわち均衡所得水準 Y_0 に向かって低下することになります。

このことを図16－1（B）の IS 曲線でみますと，図16－1（A）に対応する利子率 i_0 と所得 Y_1 の組み合わせの点は J となります。この J 点は IS 曲線上を外れていますが，このとき財市場では $Y > D$ となっているために，国民所得は一定の利子率のもとで均衡点 E_0 に向かって減少することになります。したがって，図16－1（B）の IS 曲線の場面では，不均衡の調整は矢印で示されるように J から F に向かってなされることになります。

図16－1（A）において，総需要が D_0 の水準のもとで，総供給が Y_2 の場合の不均衡の調整については，Y_1 のケースと逆に $Y < D$ となりますので，国民所得が増加する方向で調整がなされることになります。図16－1（B）では，経済が G にありますので，G から F に向かって所得が増加することになります。

IS曲線のシフト

次に，IS曲線そのものがシフトする場合について考えることにします。IS曲線における所得と利子率との関係は，利子率が低下すると所得が増加するというものですが，利子率の変化以外にも何かの理由で総需要が増加しますと所得は増加しますし，総需要が減少しますと所得も減少します。この場合の総需要の変化による所得の変化を表す場合には，IS曲線のシフトによってそれを表現することができます。

これについても，財市場における所得決定の図とIS曲線の図を組み合わせることによって容易に理解することができます。いま，図16－2（A）には財市場における所得決定が示されています。ここで，総需要がD_0に与えられますと，均衡国民所得はY_0に決定されることになります。次に，たとえば政府支出がΔGだけ増加すると，それに応じて総需要線がD_1へシフトします。その結果，国民所得はY_0からY_1へと増加します。ただし，ここでは，利子率はi_0のままで変化しませんので，投資の水準には変化がありません。

この関係を図16－2（B）のIS曲線の場面でみますと，利子率がi_0のまま

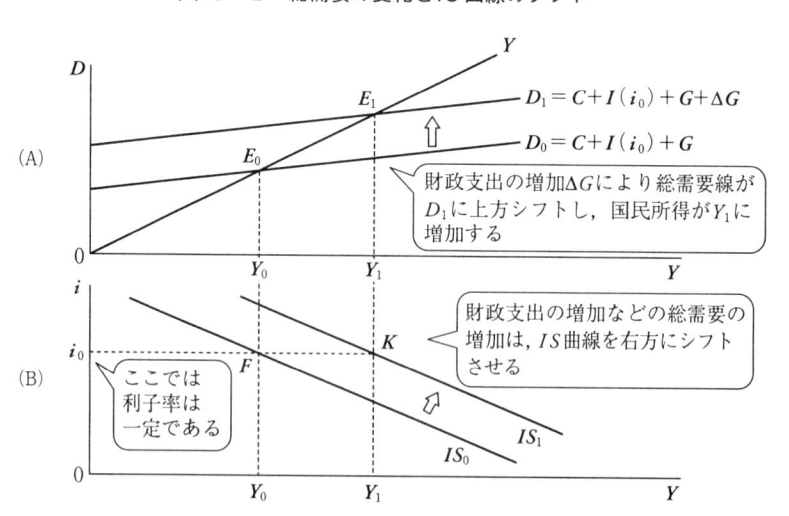

図16－2　総需要の変化とIS曲線のシフト

で，所得水準だけがY_0からY_1に増加することになります。それを表現するためには，IS曲線を(Y_0, i_0)の組み合わせ（F点）の位置から(Y_1, i_0)の組み合わせ（K点）の位置まで平行移動させることになります。これがIS曲線のシフトです。つまり，利子率以外の何らかの要因によって総需要が総供給を上回る場合には，IS曲線は右上方にシフトし，国民所得は増加することになります。また，総供給が総需要を上回る場合には，IS曲線が左下方にシフトし，国民所得は低下することになります。

2 LM曲線

次に，貨幣市場における利子率決定論に基づいて，国民所得が変化した場合に利子率がどのように変化するかを表すLM曲線を導出します。

貨幣市場とLM曲線　　LM曲線は，貨幣市場において国民所得が増加すると利子率が上昇するという関係を表す曲線ですが，それは貨幣市場における貨幣供給と貨幣需要による利子率決定をもとにして導くことができます。そこでのポイントは，国民所得の増加は取引貨幣需要の増加を通じて利子率を上昇させるということです。

まず，貨幣市場においては実質貨幣供給量$\frac{M}{P}$と貨幣需要量Lが均衡するところで利子率が決定されます。このうち，貨幣供給量はハイパワード・マネーに貨幣乗数をかけた大きさによって決定されますが，中央銀行の政策に変化がないとすると，貨幣供給量も一定と仮定されます。これは，図16－3（A）において$\left(\frac{M_0}{P}\right)$の垂直な線で示されます。

一方，貨幣需要は，所得の関数である取引貨幣需要$L_1(Y)$と利子率の減少関数である投機的貨幣需要$L_2(i)$からなります。まず，所得がY_0に決まりますと，図16－3（A）に示されるように，L_1は$L_1(Y_0)$の水準に決まります。次に，その$L_1(Y_0)$のところからL_2の大きさを表す右下がりの曲線を描くことによって，貨幣需要曲線Lが得られます。このMとLの交点E_0のところで

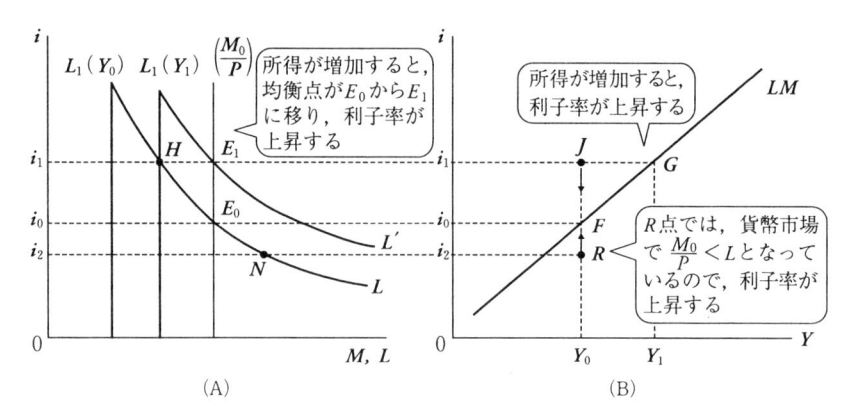

図16－3　貨幣市場とLM曲線

(A) 貨幣市場の図：縦軸 i、横軸 M, L。貨幣需要曲線 $L_1(Y_0)$、$L_1(Y_1)$、貨幣供給 $\frac{M_0}{P}$。点 H、E_1 が i_1 の水準、点 E_0 が i_0 の水準、点 N が i_2 の水準に対応。吹き出し：「所得が増加すると、均衡点が E_0 から E_1 に移り、利子率が上昇する」。曲線 L'、L。

(B) LM曲線の図：縦軸 i、横軸 Y。右上がりの LM 曲線上に、Y_0 上の点 F、Y_1 上の点 G。Y_0 上に点 J（i_1 の高さ）、R（i_2 の高さ）。吹き出し：「所得が増加すると、利子率が上昇する」「R点では、貨幣市場で $\frac{M_0}{P} < L$ となっているので、利子率が上昇する」。

均衡利子率 i_0 が決定されます。

ここで、国民所得が Y_0 から Y_1 に増加した場合を考えます。所得の増加は取引貨幣需要を $L_1(Y_0)$ から $L_1(Y_1)$ へと増加させます。このことは、結果として図16－3（A）に示されるように、貨幣需要曲線全体を右方へ平行移動させることになります。その結果、M と L の均衡点は E_0 から E_1 に移りますので、均衡利子率は i_0 から i_1 に上昇することになります。ここから、国民所得の増加は利子率の上昇を生み出すことがわかります。

そこで、横軸に国民所得をとり、縦軸に利子率をとった図16－3（B）にこの所得と利子率の関係を描きますと、右上がりの曲線が得られます。これが**LM曲線**です。ここで重要なことは、左の図16－3（A）と対応させればすぐにわかるように、LM曲線上の F 点および G 点は、(A) の E_0 と E_1 に対応しており、貨幣市場の均衡条件 $M = L$ が満たされていますので、そこにおける利子率 i_0 と i_1 は均衡利子率であるということです。

貨幣市場の不均衡とLM曲線　次に、貨幣市場において貨幣の需要と供給が不一致だった場合に、LM曲線の局面では所得と利子率の組み合わせはどうなっているかをみることにします。

まず，図16-3 (A) で不均衡をみてみます。貨幣市場における利子率決定の場面では，所得水準は一定であると仮定されていますので，貨幣の需給不一致によって利子率が変化しても所得水準Y_0は変化しないということに注意が必要です。つまり，取引貨幣需要は$L_1(Y_0)$の水準で一定だということです。そこで，図16-3 (A) において，利子率がi_1の水準ではL_1+L_2の貨幣需要全体の大きさはH点であり，貨幣供給量は$\left(\dfrac{M_0}{P}\right)$ですから，$M>L$となり，需給は不一致になっています。貨幣供給が貨幣需要を上回る場合に利子率は，需給が一致するE_0点に対応するi_0の水準まで低下することになります。逆に，需要が供給を上回るN点のような場合には，利子率は上昇することになります。

このi_1のところでの不均衡の状態を図16-3 (B) のLM曲線でみますと，所得Y_0と利子率i_1の組み合わせはJ点となります。ここでもJ点はLM曲線上を外れていますから，貨幣市場が不均衡であることがわかります。これは，図16-3 (A) のH点に対応しています。そこで，矢印によって示されるように，所得Y_0のもとで利子率がi_0に向かって低下する方向での調整が行われます。逆に，図16-3 (A) で利子率がi_2のように均衡利子率より低い水準での不均衡の場合には，貨幣需要（N点）が貨幣供給を上回っていますので，利子率は上昇することになります。これは図16-3 (B) では，R点で表されています。したがって，矢印は上方への調整を示しています。

▎LM曲線のシフト　次に，LM曲線のシフトをみていきます。LM曲線は国民所得の増加が利子率の上昇を引き起こすという関係を表すものですが，利子率の変化は国民所得以外の要因の変化によっても生じます。その場合には，LM曲線のシフトによって表されます。いま，貨幣市場が図16-4 (A) のE_0点で均衡し，利子率がi_0に決まっているとします。ここで，たとえば金融緩和政策により名目貨幣供給量がM_0からM_1に増加したとします。貨幣供給量は(M_0/P)から(M_1/P)へと増加します。ただし，貨幣需要曲線に変化はありませんので，均衡点はE_0からE_2に移ります。その結果，均衡利子率の水準は

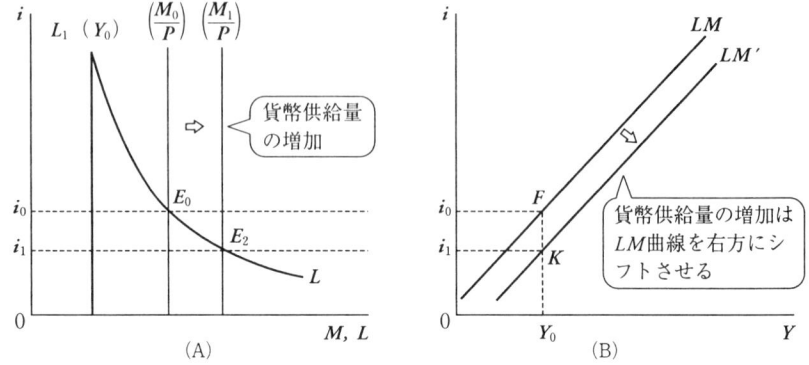

図16−4　貨幣供給量の変化とLM曲線のシフト

(A) 縦軸 i，$L_1(Y_0)$，$\left(\frac{M_0}{P}\right)$，$\left(\frac{M_1}{P}\right)$，$i_0$ で E_0，i_1 で E_2，横軸 M, L，曲線 L。貨幣供給量の増加。

(B) 縦軸 i，LM曲線とLM'曲線，i_0 で F，i_1 で K，Y_0。貨幣供給量の増加はLM曲線を右方にシフトさせる。

i_0 から i_1 へと低下することになります。

この結果を図16−4（B）のLM曲線でみますと，国民所得が Y_0 のままで利子率だけが i_1 に低下することになりますので，LM曲線が（Y_0, i_1）の組み合わせの位置まで右下方にシフトすることになります。つまり，所得変化以外の要因によって貨幣供給が貨幣需要を上回る場合には，LM曲線が右下方にシフトし，利子率が低下することになります。逆に，貨幣需要が貨幣供給を上回る場合には，LM曲線が左上方にシフトし，利子率が上昇することになります。

IS曲線・LM曲線のシフトとその要因の関係については，表16−1のように整理しておくことができます。

与件の変化	IS曲線			LM曲線		
	投資意欲の増大（需要増加）	消費意欲の減退（需要減少）	財政の支出の増大（需要増加）	名目貨幣供給増大（供給増加）	流動性選好強化（需要増加）	物価水準低下（供給増加）
曲線のシフトの方向	右方	左方	右方	右方	左方	右方
国民所得（Y）	増加	減少	増加	増加	減少	増加
利子率（i）	上昇	低下	上昇	低下	上昇	低下

表16−1　与件の変化とIS−LM曲線のシフト

3 財市場と貨幣市場の同時均衡

■ **国民所得と利子率の同時決定**　財市場の均衡を示すIS曲線と貨幣市場の均衡を示すLM曲線を一つの図に描きますと，図16－5で示されるように交点をもつことになります。この交点Eは，IS曲線上の点であると同時にLM曲線上の点でもありますから，この点で**財市場と貨幣市場の同時均衡**が成立することになります。

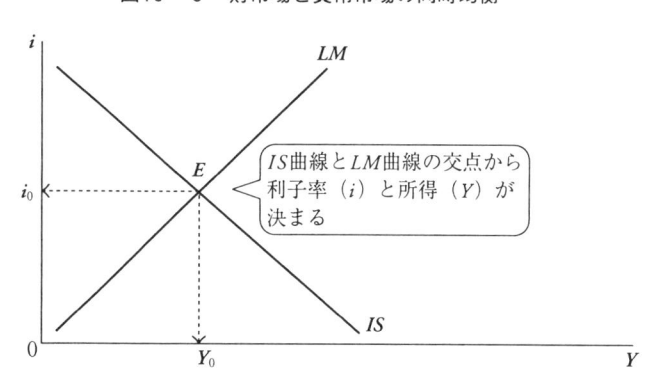

図16－5　財市場と貨幣市場の同時均衡

IS曲線とLM曲線の交点から利子率（i）と所得（Y）が決まる

ここで，均衡国民所得Y_0と均衡利子率i_0が同時決定されることになります。このことは，それぞれ国民所得と利子率を決定する次の2式，

$$Y = C + I + G \quad \cdots\cdots ①$$

$$\frac{M}{P} = L_1(Y) + L_2(i) \quad \cdots\cdots ②$$

を別々の次元で取り扱うのではなく，一つのフレームワークのなかに入れることによってYとiを同時決定するということを意味しています。これによって，財市場と貨幣市場の相互作用を説明することが可能となります。

■ **IS－LMモデルの均衡解**　次に，IS－LMモデルの各関数に具体的な数値を入れることによって，均衡国民所得と均衡利子率の値を導いてみましょう。

ここでは,政府を捨象して総需要が消費と投資からなる単純な経済を想定しておきます。

まず,財市場の均衡条件は,$Y=D$,あるいは $S=I$ となりますので,いま貯蓄関数を $S=-40+0.4Y$,投資関数を $I=50-6i$ としますと,

$$-40+0.4Y=50-6i$$

となり,これを整理しますと,

$$i=15-\frac{1}{15}Y$$

となります。これが S と I を等しくする国民所得と利子率の組み合わせを示す IS 曲線です。

次に,実質貨幣供給量 $\frac{M}{P}=180$,貨幣需要関数 $L=\frac{1}{3}Y+(170+8i)$ としますと,貨幣市場の均衡条件 $\frac{M}{P}=L$ より,

$$180=\frac{1}{3}Y+(170+8i)$$

となり,これを整理しますと,

$$i=\frac{1}{24}Y-\frac{5}{4}$$

となります。これが LM 曲線です

IS 曲線と LM 曲線が交わるところで均衡所得と均衡利子率が決まりますので,

$$15-\frac{1}{15}Y=\frac{1}{24}Y-\frac{5}{4}$$

となります。ここから,均衡国民所得 $Y=150$ と,均衡利子率 $i=5$ ％が得られます。これが $IS-LM$ モデルの均衡解です。

4 均衡に至る調節過程

次に,経済が $IS-LM$ 曲線の交点以外にある場合に,どのようなことが起こ

るかを考えてみます。現実の経済では，財市場も貨幣市場もしばしば不均衡の状態にありますので，$IS-LM$曲線においても不均衡は現実的な状況であるといえます。

■ 不均衡状態　　$IS-LM$曲線における不均衡状態は，財市場と貨幣市場のそれぞれの不均衡に応じて図16－6に示されるような4つの領域に分けることができます。

まず，財市場については，IS曲線の左方に位置するⅡおよびⅢの領域では，総需要が総供給を上回るために，超過需要の状態にあります。したがって，これらの領域では企業は意図せざる在庫の減少に直面し，生産を拡大するために，国民所得Yは増加することになります。

一方，IS曲線の右方であるⅠおよびⅣの領域では，総供給が総需要を上回り超過供給の状態にあるために，生産が減少し，国民所得は低下することになります。いずれにしても，IS曲線上を外れて不均衡になる場合には，生産量の調整によって国民所得が変化し，再びIS曲線上に戻ると考えられます。

次に，貨幣市場の均衡を示す，LM曲線につきましては，LM曲線の左方に位置するⅠおよびⅡの領域では，貨幣供給が貨幣需要を上回る超過供給の状態にあります。したがって，貨幣市場では利子率が低下し，やがてLM曲線上で

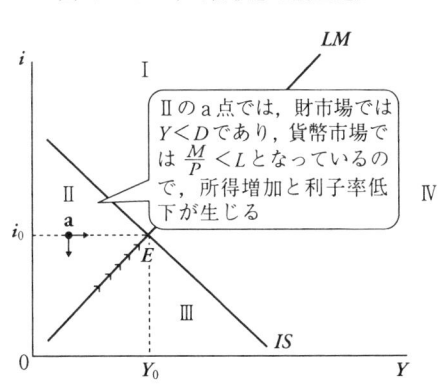

図16－6　不均衡状態と調整過程

Ⅱのa点では，財市場では$Y<D$であり，貨幣市場では$\frac{M}{P}<L$となっているので，所得増加と利子率低下が生じる

領域	財市場 不均衡	財市場 所得変化	貨幣市場 不均衡	貨幣市場 利子率変化
I	超過供給	減少	超過供給	低下
II	超過需要	増加	超過供給	低下
III	超過需要	増加	超過需要	上昇
IV	超過供給	減少	超過需要	上昇

表16−2　不均衡と所得・利子率の変化

均衡が成立することになります。

　一方，LM曲線の右方であるIIIおよびIVの領域では，貨幣は超過需要の状態にあります。この場合，人々は債券を売却することによって超過需要の部分を満たそうとしますので，債券価格が低下し，利子率は上昇することになります。この動きは，貨幣の需給が均衡するまで続き，LM曲線上に至って均衡が成立することになります。

　以上のような財市場と貨幣市場の不均衡と所得および利子率の変化は表16−2のようにまとめることができます。

▌**調整過程**　次に，不均衡の調整についてみていきます。いま，経済が図16−6のIIのa点にあるとしましょう。この場合には，財市場では超過需要の状態にありますので，国民所得はIS曲線に向かって増加することになります。これは右向きの矢印で示されます。一方，貨幣市場は超過供給の状態にありますので，利子率は低下することになります。これは下向きの矢印で示されます。その結果，不均衡の調整はこの2つの矢印の合成された方向に進み，しだいに均衡点Eに近づくと考えられます。

　ただし，財市場と貨幣市場では調整のスピードが異なります。一般に，財市場に比べて貨幣市場の方がすばやく調整が行われるとみられています。なぜなら，貨幣市場の調整は債券市場における債券の売買を通じてなされるので，利子率はすぐに変化するからです。

　そこで，貨幣市場はただちに均衡し，LM曲線上に戻ることができると考え

られます。これに対し，財市場では企業が生産量を調整するのに時間がかかるために，貨幣市場に比べて調整速度が遅くなります。

そこで，Ⅱのa点のような不均衡状態から出発した場合には，まず利子率が変化してLM曲線上に移り，その後で均衡点Eに向かって財市場の調整が生じると考えられます。

5　IS－LM曲線の特殊なケース

投資の利子非弾力性　特殊なケースの一つは，図16－7に示されるように，IS曲線が垂直になる場合です。これは，投資が利子率の変化に反応しない場合に生じます。

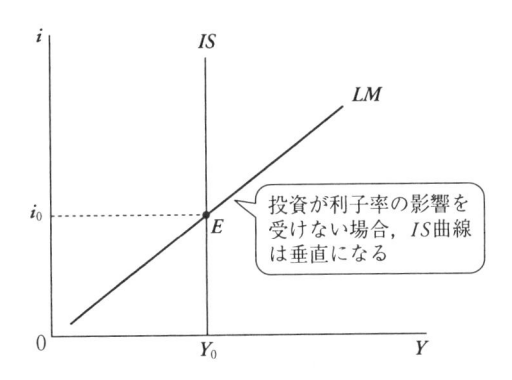

図16－7　投資の利子非弾力性

投資が利子率の影響を受けない場合，IS曲線は垂直になる

すでに示したように，投資は利子率の関数として，$I = I(i)$ と定式化されます。通常，利子率が低下すると投資は増加すると考えられます。しかし，企業の投資は必ずしも利子率に敏感に反応しません。たとえば，企業の手持の資金が豊富な場合には，利子率の変化に影響を受けずに投資を行う傾向があります。また，企業家が将来の成長を低く見積る場合にも投資は利子率の変化に反応しなくなります。これを**投資の利子非弾力性**といいます。

▎**流動性のワナ**　　投機的貨幣需要関数 $L_2=L_2(i)$ が流動性のワナに陥っている場合には，L_2 曲線が横軸に水平になりますので，図16－8に示されるように，LM曲線が水平になります。この場合には，たとえ貨幣供給量が増加したとしても，貨幣は不活動貨幣として退蔵されてしまうことになります。

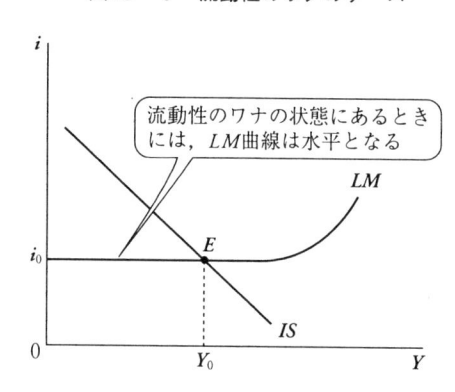

図16－8　流動性のワナのケース

▎**貨幣需要の利子非弾力性**　　貨幣数量説のような古典派の貨幣需要の理論では，貨幣需要は L_1 しかありませんので，貨幣需要は国民所得のみに依存し，利子率には依存しないことになります。

　このように，貨幣需要が利子率に影響されず所得のみに応じて決まる場合には，LM曲線は図16－9に示されるように，所得水準に応じて垂直になります。

図16−9 貨幣需要の利子非弾力性

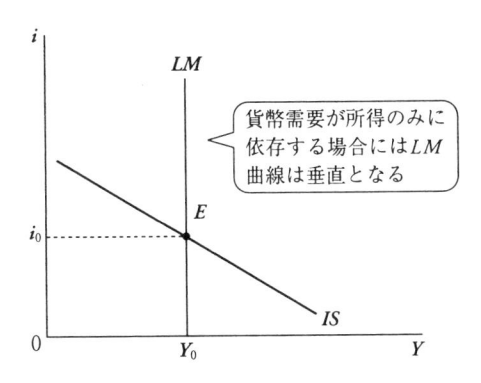

貨幣需要が所得のみに依存する場合にはLM曲線は垂直となる

そうなんだ！

IS曲線とLM曲線を単純に描く方法！

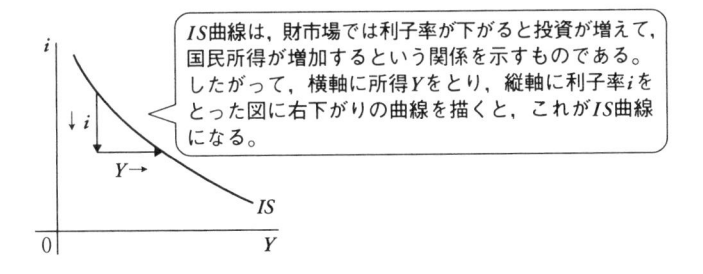

IS曲線は，財市場では利子率が下がると投資が増えて，国民所得が増加するという関係を示すものである。したがって，横軸に所得Yをとり，縦軸に利子率iをとった図に右下がりの曲線を描くと，これがIS曲線になる。

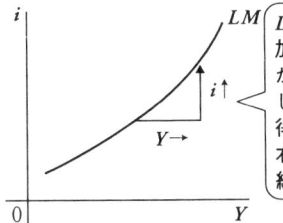

LM曲線は，貨幣市場では国民所得が増加して取引貨幣需要が増えると，利子率が上昇するという関係を示すものである。したがって，IS曲線と同様に，横軸に所得Yをとり，縦軸に利子率iをとった図に右上がりの曲線を描くと，これがLM曲線になる。

演習

〔設問〕$IS-LM$分析に関する記述のうち，最も適切なものはどれか。

(1) 貨幣需要の利子弾力性が小さいほど，LM曲線の勾配は大きくなるので，マネー・サプライの増加が国民所得の上昇に及ぼす効果は小さくなる。

(2) 投資が利子非弾力的な場合には，IS曲線が横軸に水平になるので，物価水準の低下によってLM曲線が右方にシフトすると，国民所得は増大するが，利子率は変化しない。

(3) 投機的動機による流動性選好が強まると，LM曲線が右方にシフトするので，国民所得は増加し，利子率は低下する。

(4) 流動性のワナ（流動性トラップ）に陥った状態にあるときには，LM曲線が横軸に水平になるので，財政支出の拡大によってIS曲線が右方にシフトすると，国民所得は増加するが，利子率は変化しない。

【解答・解説】

《正解は(4)》

(1) 国民所得へのマネーサプライ増加の効果はより大きくなる。

(2) IS曲線は垂直になる。

(3) LM曲線は左方にシフトする。

17 財政政策の効果

　これまで，$IS-LM$ 分析によって財市場と貨幣市場が同時に均衡し，均衡国民所得と均衡利子率が同時決定されるということをみてきました。ところで，たとえこの2つの市場が均衡したとしても，労働市場が均衡し，完全雇用が実現されるとはかぎりません。もし均衡国民所得水準が完全雇用の国民所得の水準を下回る場合には，経済は失業者を抱えたまま均衡していることになります。

　このような場合には，IS 曲線か LM 曲線をシフトさせることによって，均衡国民所得水準を引き上げる必要があります。以下に述べるように，$IS-LM$ 曲線のシフトは，財政・金融政策を通じて行われることになります。ここでは，財政政策の効果をみていくことにします。

1　財政政策の効果

　財政政策の手段としては，政府支出のコントロールと減税ないしは増税という課税率の変更があります。ここでは，その代表的な政策として政府支出の増大を取り上げます。

■ クラウディング・アウト効果　　図 17-1 に示されるように，いま，経済が IS_0 と LM の交点 E_0 で均衡し，均衡所得が Y_0，均衡利子率が i_0 に決まっているとします。ここで，財政政策により政府支出が ΔG だけ増加したとします。利子率に変化がないとすれば，政府支出の増加は乗数効果を通じて総需要を増大させ，国民所得を高めることになります。図の上では，IS 曲線の IS_0 から IS_1 へのシフトによる国民所得の Y_0 から Y_2 への増加として表すことができます。

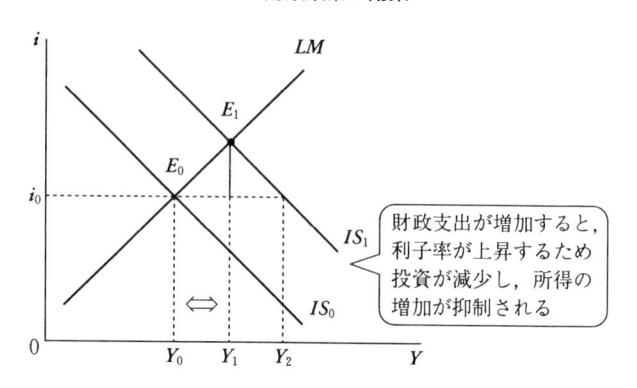

図17－1　財政政策の効果

財政支出が増加すると，利子率が上昇するため投資が減少し，所得の増加が抑制される

　しかしながら，政府支出の増大によりIS曲線がIS_1にシフトすると，LM曲線との交点がE_0からE_1に移るために，新たな均衡国民所得水準はY_2ではなくY_1となります。それは，国債が発行されると，市中の資金が国債の購入にあてられるために，市中の資金が不足して利子率を上昇させる方向で作用するだけでなく，総需要の増大による国民所得の増加が取引貨幣需要関数$L_1 = L_1(Y)$を通じて貨幣需要を高め，利子率を上昇させるために，民間投資の一部が実行困難となって，乗数効果が減殺されるからです。このように，財政支出の拡大による利子率の上昇のために民間投資の一部が抑制される現象を**クラウディング・アウト効果**とよんでいます。

　なお，クラウディング・アウト効果の問題は，政府支出増大のための資金調達の方法と関連しています。政府が税収を上回って支出を拡大しようとするとき，国債の市中消化によってまかなう場合には貨幣量が変化しないために，利子率の上昇を招くことになり，投資の一部がクラウド・アウトされる（締め出される）ことになります。ただし，その場合に，政府支出の増大によるIS曲線の右方シフトとともに，貨幣供給量の増加によってLM曲線が右方にシフトすれば，利子率を上昇させずにすみますので，結果としてクラウディング・アウト効果を回避することが可能になります。

▌貨幣需要の利子非弾力性　財政政策による政府支出の増加が国民所得の水準に影響を与えることができないという意味で政策効果が無効となるケースを考えることができます。これが**貨幣需要の利子非弾力性**です。

これは，貨幣需要が所得の関数のみと考えられるケースであり，ケインズ以前の古典派の世界がこれにあたります。そこでは，貨幣需要は国民所得のみに依存しますので，図17－2のように*LM*曲線が垂直となります。

図17－2　財政政策が無効のケース

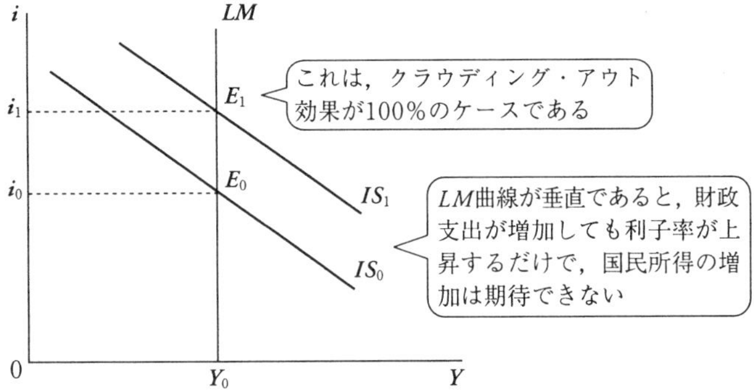
i
LM
i1
i0
E1
E0
IS1
IS0
0
Y0
Y
これは，クラウディング・アウト効果が100％のケースである
LM曲線が垂直であると，財政支出が増加しても利子率が上昇するだけで，国民所得の増加は期待できない

この場合には，政府支出の拡大によって*IS*曲線が右上方にシフトしても，*IS*−*LM*曲線の交点はE_0からE_1に移りますが，利子率が上昇するだけで国民所得の水準は変わりありません。したがって，財政政策は無効となります。この場合に国民所得を増やすには，金融政策により貨幣量を増加させ，*LM*曲線を右方にシフトさせることが必要です。

▌政府支出増大の長期的効果　国債発行による政府支出が国民所得に与える効果については，クラウディング・アウト効果の発生する可能性を考えることができますが，国債発行に伴う長期的な効果についてもみておく必要があります。その一つが，**公債の富効果**です。政府が財政支出の財源をまかなうために国債を市中消化しますと，その国債は人々に資産として保有されます。そこで，長期的にはこの資産の増加が人々の支出を刺激し，消費や投資を増加させ

ることになると考えられます。国債のような公債残高の増加が支出を刺激する効果のことを**公債の富効果**といいます。これが生じるとIS曲線は右上方にシフトし,国民所得をより増加させることになります。

一方,資産の増加はそれに見合う貨幣需要を増加させる効果をもつと考えられます。これは,LM曲線の左上方シフトをもたらすことになります。これが生じますと,貨幣市場で利子率を上昇させることになりますので,民間投資を抑制し,国民所得を減少させる方向で作用することになります。

結果として,長期的な観点から,国民所得が増加するかどうかはIS曲線とLM曲線のシフトの大きさによることになります。IS曲線のシフトの幅が大きい場合には国民所得は増大しますが,逆の場合は減少することになります。

2 財政政策の有効性

┃公共投資の有効性　一般に,景気対策として公共投資が行われる場合,そこには政府支出の増大が乗数効果を通じて国民所得の増加をもたらすというルートが想定されています。したがって,公共投資の効果は乗数の大きさに依存します。

わが国においても,バブル崩壊後の1990年代を通じて平成不況に対処するために政府による大型の公共投資が行われました。しかし,景気の拡大がみられなかったために,財政政策は効果がないのではないかということが問題となりました。そこで指摘されたことは,乗数効果が低下したのではないかということです。

海外取引を含むマクロ経済モデルでは,乗数は(1－限界消費性向＋限界輸入性向)の逆数倍となりますので,限界消費性向が低下するか,限界輸入性向が上昇すると,乗数は低下することになります。このうち,所得の増加に対する輸入増加の割合を表す限界輸入性向の動きについては,次のように変形することによってその要因を分析することができます。

$$\frac{\Delta IM}{\Delta Y} = \frac{IM}{Y}\left(\frac{\Delta IM}{\Delta Y} \cdot \frac{Y}{IM}\right)$$

ここで，$\frac{IM}{Y}$ は生産物の国内出荷（Y）に対する輸入（IM）の大きさを表しており，**輸入浸透度**とよばれます。

この輸入浸透度は円高，輸入規則の緩和を背景として上昇の傾向にあるといえます。一方，$\frac{\Delta IM}{\Delta Y} \cdot \frac{Y}{IM}$ は，**輸入の所得弾力性**を表しています。これは，国内の所得増加が輸入をどのくらい増加させるかを表すものですが，これも輸入規制の緩和や撤廃を背景として高まる傾向にあるといえます。したがって，限界輸入性向は上昇傾向にあるといえます。このことは，政府支出増大による国内需要の増加の一部が海外に漏れるということであり，乗数効果はそれだけ小さくなるといえます。限界消費性向の変化については低下したという検証は得られていません。

乗数効果が低下する可能性としては，理論的なものとして上記以外に，

ⅰ）国債発行による資金調達が市場金利の上昇を通じて民間投資を抑制するという，**クラウディング・アウト効果**

ⅱ）変動相場制のもとで，政府支出増大による景気浮揚が円高をもたらし，それが輸出を抑制するという，**マンデル・フレミング効果**

ⅲ）個人が合理的に行動する場合には，国債発行によって政府支出を拡大しても，国債発行による財政赤字から将来増税になると考え，増税に備えて消費支出を増やそうとしないために乗数効果は期待できないという**リカードの等価定理**

などがあります。

▎**財政赤字と金利**　すでに述べましたように，政府支出の拡大のために大量の国債が発行されますと，利子率の上昇を通じて民間投資を抑制するというクラウディング・アウト効果が生じる可能性があります。これは，過剰貯蓄の存在するわが国では大きな問題となっていませんが，1996年の『経済財政白書』にあるように，IMFレポートが，先進諸国の債務残高と実質金利の間には強

い相関関係があり，実質金利の上昇は世界的な投資支出の減少をもたらし，成長を緩やかなものにしてしまうと指摘しています。

なお，財政赤字と金利の関係につきましては，バブル崩壊後のわが国の財政赤字と金利の関係にみられるように，必ずしも財政赤字の拡大期に金利が上昇するとは限りません。わが国では，バブル崩壊後は景気の落ち込みから税収が大幅に落ち込むとともに，景気対策の一環として公共事業が拡大されたために，財政状況は急速に悪化しました。しかし，一方で公定歩合の相次ぐ引下げによって金利が低下傾向をたどったために，財政赤字の拡大期に金利が低下することになりました。財政赤字が金利上昇を生み出さなかったのは，財政赤字に伴う国債の発行が家計の潤沢な資金供給によって吸収され，そのために金利上昇圧力が緩和されたためであると考えられます。

ここからいえることは，財政赤字と金利の関係は貯蓄と財政赤字の相対的なバランスによるということです。つまり，たとえ大幅な財政赤字に伴って国債が発行されても，家計などの資金供給が潤沢であれば金利は上昇しにくく，逆に財政赤字が小幅であっても貯蓄が少なければ金利は上昇しやすいということです。図17－3に示されるように家計貯蓄から財政赤字を差し引いた値と金利の間の関係を先進主要国の間で比較してみると，家計貯蓄が財政赤字を大幅

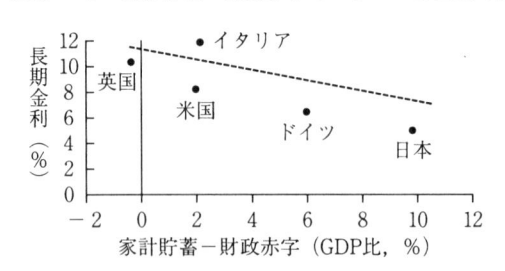

図17－3　家計貯蓄・財政赤字のバランスと金利の関係

（注）85年から94年までの平均値。
資料：経済企画庁「国民経済計算年報」，OECD「NATIONAL ACCOUNTS」，「ECONOMIC OUTLOOK」。
出所：「日本金融新聞」1997年10月22日。

に上回っている国ほど金利が低いことがわかります。ゆえに，わが国においても，財政赤字の拡大にもかかわらず金利が上昇しなかったのは，潤沢な貯蓄という一種のバッファー（緩衝装置）が存在していたからということができます。

▍**財政政策のタイム・ラグ**　景気安定化策としての財政政策の有効性を考えるうえで，乗数値と同様に重要なのが政策発動のタイミングです。タイミング次第では，政策効果は倍増も半減もするために，それは財政政策の有効性を左右する重要な要因となります。実際，財政政策にはさまざまなラグ（遅れ）が存在するために，それが政策効果に大きな影響を及ぼします。

　景気対策として財政政策が行われる場合，政策当局が景気の変動を認識し，それに対する政策を立案，決定して実施し，それが実際に効果を表すまでにかなりの時間がかかります。通常，これが長いほど政策の有効性は弱められると考えられます。

　第1は，**認知ラグと決定ラグ**です。景気局面と政策決定のタイミングをみますと，景気対策は景気の山を過ぎた直後に発動されることは少なく，景気の谷に近づいた時点か谷をやや過ぎた時点で発動されるケースが多くなっています。したがって，景気後退に対する認識や対策の決定は，景気が後退局面に入ってからかなり時間が経過し，経済情勢が厳しくならないとなされないという点で，そこにはラグが存在することになります。

　第2は，**実行のラグ**です。政策を立案し，予算措置を講じ，それを実行に移すまでに時間がかかります。たとえば，政策決定から補正予算成立までの日数をみますと，平均約65日かかっています。また，政策に計上される公共事業のうち，相当部分は地方公共団体が実施主体となっており，地方議会の審議も経なければならないことから，それを含めて考えますと，財政政策の策定からそれに関わる予算の執行が可能になるまでには，かなりの時間を要するといえます。

　第3は，**効果のラグ**です。これは，政策を発動した後，それが効果を発揮し出すまでの時間の遅れです。公共投資が行われても，それが国内総生産に影響

を与えるまでにはかなり時間がかかります。これは，その時々における経済主体の行動様式や，マクロ経済構造の状態によっても異なりますので，常に一定とはいえませんが，政府支出が拡大され，それが乗数効果を通じて国民所得に影響を及ぼすまでにはある程度の時間の経過が必要とされます。こうしたラグの存在は，効果を半減するだけでなく，景気の振幅をより大きなものにしてしまうおそれがあるために，ケインジアン的な政府による裁量的な政策運営は有効でないというマネタリストからの批判もあります。

③ 財政赤字の問題点

　これまで，景気対策の手段としては主に国債発行による政府支出の拡大についてみてきましたが，国債発行による財政赤字の拡大そのものについても，いくつかの問題が指摘されています。

▌財政の硬直化　　財政赤字の累増は，国債の償還および利払い費の増大という国債費の増加を招くことになります。このために，財政の本来の機能である資源配分機能が十分に発揮できなくなります。特に，高齢化社会の到来を展望した場合，年金・医療・福祉などの社会保障関連費の増加に対して十分な対応ができなくなるおそれが出てきます。これが**財政の硬直化**です。また，財政支出が弾力性を失うと，経済状況の変化に対して財政面からの適切な対応が難しくなり，景気調整機能の面でも支障が出てくることになります。

▌世代間の不公平　　第2は，世代間の不公平の問題です。わが国の場合を考えてみますと，国債は建設国債と特例国債が発行されています。このうち，一般に建設国債については土木・建設などに関する社会資本が将来に残りますので，元利支払い義務は現代世代と将来世代で負担すべきものと考えられています。通常，こうした社会資本の平均耐用年数は60年とみられており，60年償還ルールが採用されています。

これに対して、**特例国債（赤字国債）** は経常経費にあてられるために、将来に何の利益も与えません。それゆえ、国債によってまかなわれた経費だけが将来世代の負担として残されることになります。

信用の低下　1998年11月にアメリカの格付会社ムーディーズ・インベスターズ・サービスが日本の国債を最上級のAAA（トリプルA）から1ランク下のAA（ダブルA）に格下げすると発表しました。そのとき、ムーディーズ社は格下げの理由として、景気低迷が長引き日本経済の先行きに不透明感が高まったことや、緊急経済政策などで財政赤字が膨らみ、財政・金融面での弱体化がみられることをあげました。こうした国債の格下げによる国際的信用の低下は、ジャパン・プレミアムの上昇や邦銀の格下げを生じさせ、わが国の金融システム全体の信認をいっそう低下させるおそれを生みだします。

いずれにしても、財政赤字の拡大が中長期的には経済成長の阻害要因になるということについては、いまや世界的な共通認識となっており、クラウディング・アウト効果の発生や金利上昇圧力の問題も含めて、財政赤字の解消は重要な課題であるといえます。

そうなんだ！

クラウディング・アウトとは？

金曜日の2限の石関先生のゼミの一場面で、こんなことがありました。

先　生：先週「クラウディング・アウト」について調べてくるように、宿題を出しておきましたよね。賢太君は宿題をやってきましたか。簡潔に板書してみたまえ。

賢太君：わかりました。

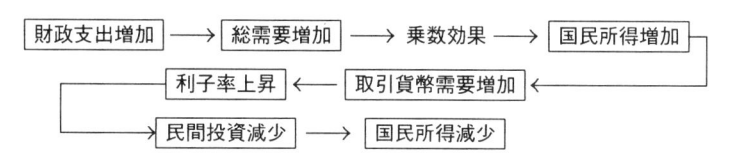

財政支出増加 → 総需要増加 → 乗数効果 → 国民所得増加 → 取引貨幣需要増加 → 利子率上昇 → 民間投資減少 → 国民所得減少

154　第4部　GDPと利子率

こんな感じでいいですか。

先　生：そうだね。財政支出を増やすと，総需要の増加によって国民所得が増大するが，その過程で利子率が上がり（$i\uparrow$），投資が減少するために，所得を減少させる効果が生じる。これがクラウディング・アウト効果（締め出し効果）ですよね。

特に，利子率の上昇が所得を減少させるというメカニズムはヒックスメカニズムともよばれているものです。

賢太君：私にも少し説明させて下さい。要するに，ヒックスメカニズムを通して，国民所得は減少し，乗数効果を通じて所得は増加しますので，これら両者の増減分の大きさによって，ΔGが所得を増加させるかどうかが決まるということですね。

先　生：そのとおりです。よくわかっていますね。こんなに上手に説明されてしまうと，私の仕事はなくなります。まさに先生はこのゼミからクラウド・アウトされる一歩寸前です（笑）。

演　習

〔設問〕マクロ経済モデルが次のように与えられるとする。

消費関数　$C = 10 + 0.6Y_d$　（$Y_d = Y - T$）

投資関数　$I = 120 - i$

政府支出　$G = 50$

租税収入　$T = 20$

貨幣需要　$L = 0.1Y + 10 - i$

貨幣供給　$M = 10$

このとき，財政政策により，政府支出 G が40から50に増加した場合，新しい均衡国民所得と利子率はいくらになるか。

	均衡国民所得	均衡利子率
(1)	312	29.6
(2)	316	31.6

(3)　　　336　　　33.6
(4)　　　341　　　35.6

【解答・解説】

　均衡国民所得と均衡利子率は IS 曲線と LM 曲線の交点，すなわち $IS = LM$ よって得られる。

　まず，IS 曲線は財市場の均衡条件を満たす国民所得と利子率の組み合わせを表す曲線であるから，均衡条件

$$Y = C + I + G$$

より，設問の条件を代入すると，

$$\begin{aligned}Y &= C + I + G \\ &= 10 + 0.6(Y-20) + 120 - i + 50 \\ &= 168 + 0.6Y - i\end{aligned}$$

より，

$$i = 168 - 0.4Y$$

となる。

　次に，LM 曲線は貨幣市場の均衡条件を満たす国民所得と利子率の組み合わせを表す曲線であるから，均衡条件（$M = L$）より，設問の条件を代入すると，

$$10 = 0.1Y + 10 - i$$

となる。これを i について解くと，LM 曲線は，

$$i = 0.1Y$$

となる。したがって，均衡国民所得 Y と利子率 i は，

$$168 - 0.4Y = 0.1Y$$

より，

$$Y = 336,\ i = 33.6$$

となる。

　よって，正解は(3)になる。

18 金融政策の効果

ここでは，IS-LM分析をもとにして，金融政策が国民所得に及ぼす効果を考えます。どのような経済状況のもとで，金融政策は有効なのか，有効でないのかに注目していきましょう。

1 金融政策の効果

ケインズ・ルート　日本銀行が市中銀行から債券や国債などを買い入れる，いわゆる買いオペレーションを行い，マネー・サプライが増加したとしましょう。マネー・サプライの増加は物価水準を一定とすれば実質貨幣供給量の増加となり，LM曲線を右下方へシフトさせます（図18-1）。

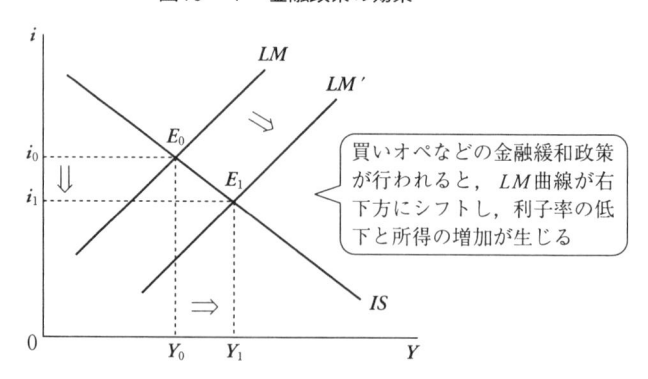

図18-1　金融政策の効果

買いオペなどの金融緩和政策が行われると，LM曲線が右下方にシフトし，利子率の低下と所得の増加が生じる

マネー・サプライの増加は貨幣の超過供給にほかなりませんから，この超過分が債券や株式などの購入に向かったり貯蓄に向かったりするために，債券需

要の増加により，債券の価格が上昇し，利子率は i_1 へと下落します。利子率の下落は投資支出を刺激し，国民所得を増大させます。結果として，$IS-LM$ 曲線の交点は E_0 から E_1 へと移り，利子率は i_1 へと下落し，国民所得が Y_1 へと増大することになります。すなわち，ここには金融政策の効果として，

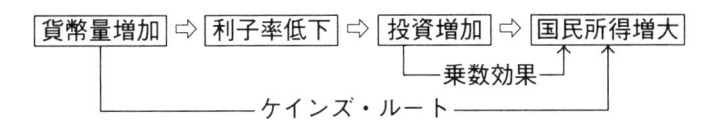

```
貨幣量増加 ⇨ 利子率低下 ⇨ 投資増加 ⇨ 国民所得増大
                         └─乗数効果─┘
         └──────── ケインズ・ルート ────────┘
```

というルートが想定されています。これを**ケインズ・ルート**といいます。

なお，貨幣需要が利子率の水準に応じて変化する度合が小さいほど，LM 曲線の勾配は急になります。このようなときには，マネー・サプライの増加が所得水準の上昇に及ぼす効果は大きくなります。逆に，LM 曲線の勾配が緩やかなときには，所得水準の上昇へのインパクトが小さくなります。

▎貨幣量増加の長期的効果　このような金融政策の効果に対し，貨幣供給量の増加は，結果として市場利子率を高めてしまうことになるために，有効ではないとのマネタリストからの批判があります。

ケインズ・ルートでは，貨幣量と利子率の関係は，貨幣量が増大すると利子率が下がるという，いわゆる**流動性効果**にポイントが置かれています。しかし，貨幣量と利子率の因果関係は，そのほかに貨幣量が増えれば物価が上昇し，その結果人々の予想インフレ率も上昇するので利子率が上昇してしまうという，**フィッシャー効果**もあります。これは，ケインズ・ルートの有効性に対するマネタリストたちの批判の理由となっているものです。

さらに，貨幣量が増えて総支出が増加すると，貨幣需要の増加により利子率が上昇するという**所得効果**も考えられます。

そこで，貨幣量と利子率の関係を時間的に追ってみますと，貨幣量が増加すると，はじめは流動性効果によって利子率が下がります。しかし，それが投資を刺激して総支出を拡大させ，さらには物価上昇をもたらすようになると，所

得効果・フィッシャー効果が作用し，利子率を上昇させることになると考えられます。

古典派のケースにおける金融政策の効果　次に，LM曲線が垂直となる場合の金融政策の効果をみていきます。これは，貨幣需要が取引貨幣需要だけからなる特殊なケースであり，**古典派のケース**といわれるものです。この場合，マネー・サプライの増加は，図18－2に示されるようにLM曲線を垂直のままで右方に移動させます。均衡点はE_0からE_1へと移動します。しかし，古典派のケースでは完全雇用が仮定されていますから，Y_0が完全雇用の所得水準ですと，たとえLM曲線がLM'のように右方にシフトしても，名目所得を増加させるだけで実質所得を増やすことはできません。つまり，物価の上昇によって名目所得だけが増加することになります。

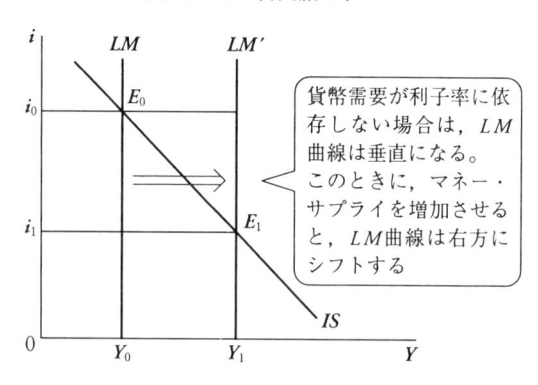

図18－2　古典派のケース

貨幣需要が利子率に依存しない場合は，LM曲線は垂直になる。このときに，マネー・サプライを増加させると，LM曲線は右方にシフトする

2　金融政策が無効となるケース

流動性のワナ　貨幣市場において利子率が極端に低下すると，貨幣需要が無限大となるために，流動性のワナが生じ図18－3に示されるようにLM曲線が水平になります。

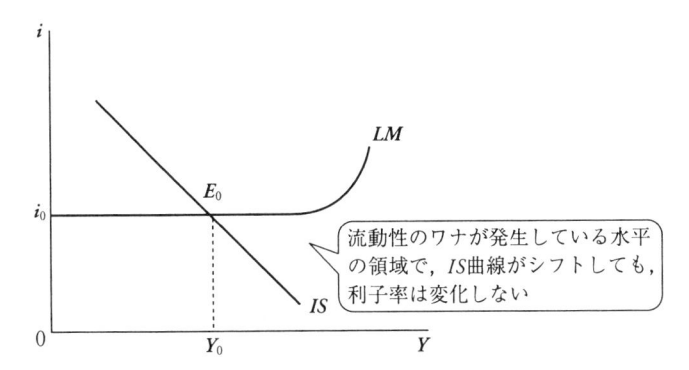

図18－3　流動性のワナ

```
（図：縦軸 i、横軸 Y の座標平面に、右上がりのLM曲線（低い利子率 $i_0$ の領域では水平）と右下がりのIS曲線が描かれ、交点 $E_0$ で均衡所得 $Y_0$ が決まる。吹き出し：「流動性のワナが発生している水平の領域で、IS曲線がシフトしても、利子率は変化しない」）
```

　こうした状況では，金融政策によって貨幣供給量を増加させても利子率を低下させることができませんので，国民所得を増加させることができず，金融政策は無効となります。この場合，国民所得増大のためには財政政策により IS 曲線を右方にシフトさせることが必要となります。

▎投資の利子非弾力性　　民間企業の投資が利子率の変化に対して非弾力的な場合にも，金融政策は無効となります。

　投資が利子率の変化に対して非弾力的であるということは，利子率が変化してもそれに対して民間投資が反応しないということです。たとえば，経済が不況にある場合には，企業は将来収益を低く見積らざるを得ないので，たとえ利子率が低下したとしても投資を拡大しようとはしません。結果として，投資は利子非弾力的となります。利子率の変化に対して投資が反応しなければ，国民所得も反応しないことになりますので，図18－4に示されるように IS 曲線は垂直になります。

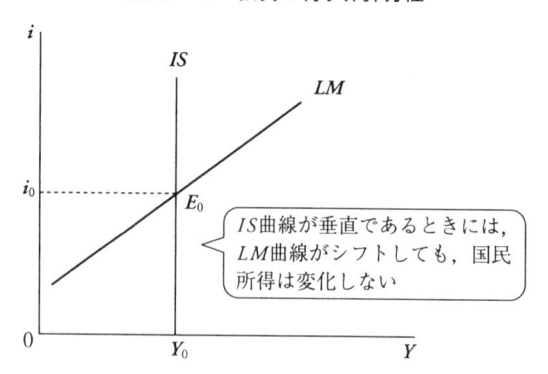

図18－4　投資の利子非弾力性

IS曲線が垂直であるときには，LM曲線がシフトしても，国民所得は変化しない

　この状況では，金融政策によりLM曲線を右下方にシフトさせることができたとしても，図18－4の均衡点E_0を右方に動かすことができませんので，国民所得を増加させることはできません。ゆえに，金融政策は無効となります。このケースでも，国民所得増大のためには財政政策によるIS曲線の右方シフトが必要となります。

③ 物価の変化と国民所得

　次に，$IS-LM$分析では，外生変数として一定と仮定されている物価が変化した場合，それが国民所得に与える影響を考察します。ここで，物価変化が国民所得に与える効果を取り上げる理由は，それが金融政策における貨幣供給量の変化と同様の効果を生み出すと考えられるからです。

■伸縮的賃金政策の効果　物価の変化をもたらす政策としては，伸縮的賃金政策による賃金の低下を考えることができます。賃金の低下は物価の低下をもたらしますが，物価の低下は実質貨幣供給量を増加させますので，金融政策による貨幣供給量の増加と同様に，LM曲線を右下方にシフトさせ，結果として利子率の低下を通じて投資が拡大し，国民所得を増加させると考えられます。

ここから，賃金の切下げという**伸縮的賃金政策**が国民所得の増加を通じて雇用を拡大する効果をもつと考えることができます。ただし，すでにみましたように，流動性のワナや投資の利子非弾力性が存在する場合には，賃金の低下によりLM曲線が右下方にシフトしたとしても国民所得や雇用に影響を与えることはできません。こうした状況のもとでは，たとえ賃金が伸縮的であったとしても所得水準を拡大できないために，失業が存在したとしてもそれを解消できないということになります。このことは，**貨幣賃金率の下方硬直性**が非自発的失業の原因であるという指摘が必ずしも成り立たないということを示唆しています。

▌**ピグー効果**　ただし，たとえ投資の利子非弾力性や流動性のワナが存在したとしても，物価の低下が国民所得および雇用を拡大させるルートを考えることができます。それは，物価の低下によって資産価値が上昇すると，それによって消費支出が刺激され，消費需要の増加によって国民所得および雇用の拡大が可能になるということです。これを**ピグー効果**といいます。この場合は，IS曲線が右上方にシフトすることになります。ここから，賃金・物価が伸縮的であれば，需要の増加を通じて生産・雇用の拡大が可能になるという主張を導き出すことができます。

　ただし，ピグー効果の可能性については次のような疑問があります。第1に，物価下落は企業の生産物価格の低下にあるので，それは企業の売上を低下させ，ひいては投資の限界効率を低下させることになります。それゆえ，投資にマイナスの効果を与えるために，IS曲線を左下方にシフトさせる効果をもちます。これが消費増加によるIS曲線の右上方シフトより大きい場合には，全体の効果はマイナスとなります。第2に，物価下落による資産価値の上昇の一方で，実質債務残高が増大しますので，この面からの支出減少が消費増大効果を相殺する可能性があります。第3に，そもそも現実には賃金の引下げは難しく，一般に賃金は下方硬直的な傾向をもっています。なお，賃金の硬直性の要因については，ニュー・ケインジアンの人たちによって効率賃金仮説やメニ

ューコスト理論を用いた説明がなされています。

4　安定化政策としての金融政策

　これまでの財政・金融政策の議論においては，投資関数および貨幣需要関数を与えられたものとして，財政・金融政策によって$IS-LM$曲線がシフトした場合に，国民所得がどのように変化するかをみてきました。しかしながら，現実経済においては投資関数や貨幣需要関数は決して安定的とはいえず，そうしたものに起因するIS曲線やLM曲線のシフトによって国民所得の均衡水準もしばしば不安定になります。

　こうした事態に対して，金融政策によって国民所得水準の安定化を図る場合には，不安定化の要因が財市場にあるのか，貨幣市場にあるのかによって，コントロールすべき目標が異なることになります。すなわち，マネー・サプライの安定を目標とするか，あるいは利子率の安定を目標にするか，いずれが望ましいかということです。

▎**マネー・サプライの安定化**　　国民所得の不安定化をもたらす要因の1つは，投資関数にあります。ケインズ型投資決定論でみましたように，投資は利子率と投資の限界効率によって決まると考えることができます。このうち，投資の限界効率は，企業の投資プロジェクトが将来もたらすであろう期待収益の大きさに依存しますが，この投資の期待収益は企業家の予想に基づくものにすぎません。それゆえ，景気の見通しなどによって影響を受けやすく，その結果，投資の限界効率は不安定となりやすい傾向があります。経済の不安定要因が投資関数にある場合，財市場の均衡を表すIS曲線も不安定となります。

　そこで，いま図18-5において，IS_0とLM_0の交点Aを出発点として，投資関数の不安定性のために，IS曲線がIS_1からIS_2の幅で変動するものとします。ここで，金融政策の目標を利子率の安定に置きますと，たとえばIS曲線がIS_1にシフトした場合には利子率をi_0の水準に維持するためにマネー・サプ

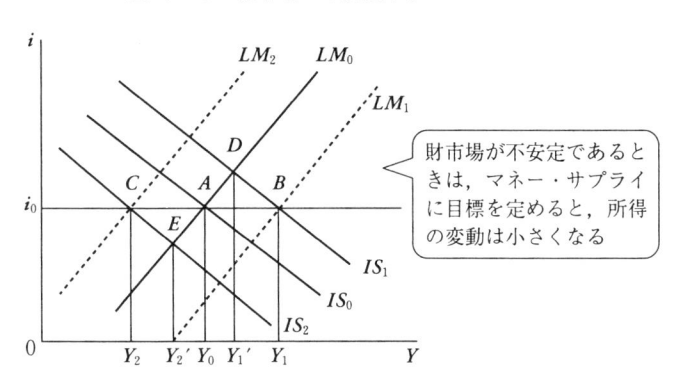

図18-5 財市場が不安定なケース

＊財市場が不安定であるときは、マネー・サプライに目標を定めると、所得の変動は小さくなる

ライを増加させて LM 曲線を LM_0 から LM_1 へとシフトさせることになります。その結果、国民所得は均衡点 B に対応して Y_1 へと増加することになります。一方、IS 曲線が IS_2 にシフトする場合には、LM 曲線を LM_2 にシフトさせることになりますので、国民所得は均衡点 C に対応して Y_2 となります。

これに対して、金融政策の目標をマネー・サプライの安定に置く場合には、一定のマネー・サプライのもとで、LM 曲線は LM_0 に固定されることになります。そこでは、IS 曲線が IS_1 から IS_2 まで変動したとしても、IS-LM の均衡点 D および E に応じて所得の変動幅は Y_1' から Y_2' までであることがわかります。

ここからわかることは、財市場に不安定要因があるときには、利子率目標よりもマネー・サプライを目標にした方が経済の不安定化をより小さくすることができるということです。それゆえ、安定化策としては、マネー・サプライの安定化がより望ましい政策であるといえます。

▍利子率の安定化

次に、貨幣市場における不安定化とその安定化策についてみてみます。貨幣市場を不安定化させる要因としては、投機的貨幣需要の変化があげられます。

流動性選好理論でみましたように、資産としての貨幣に対する需要である貨

幣の投機的需要は，代替的資産である債券の将来価格に依存しています。債券の将来価格は個々の投資家の予想に基づくものにすぎず，不安定であるために，貨幣の投機的需要も不安定なものとなります。このように，経済の不安定要因が貨幣需要関数にある場合，貨幣市場の均衡を表すLM曲線も不安定となります。

いま，図18-6において，IS_0とLM_0の交点Aを出発点として，貨幣需要関数の不安定性のために，LM曲線がLM_1からLM_2の幅で変動するものとします。この場合に，安定化政策の目標をマネー・サプライの安定化に置きますと，たとえば貨幣需要が減少する場合には，マネー・サプライが一定ですから，LM曲線はLM_1へとシフトしますので，利子率が下落し，国民所得はY_1まで増加することになります。また，貨幣需要が増加した場合にはLM_2へとシフトすることになりますので，国民所得はY_2へと減少します。結果として，マネー・サプライの安定を目標とした場合には，所得の変動幅はY_1からY_2までと大きくなります。

これに対して，目標を利子率の安定に置き，i_0の水準を保つ場合には，LM曲線がLM_1にシフトすると，マネー・サプライを減少させてLM_0まで戻すことになりますので，所得水準もY_0に戻ることになります。また，LM_2にシフ

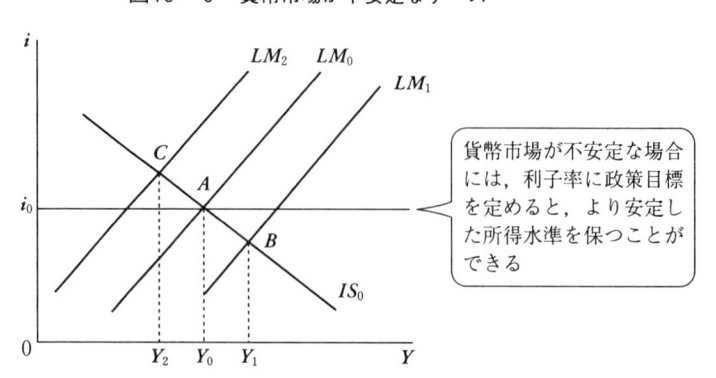

図18-6 貨幣市場が不安定なケース

> 貨幣市場が不安定な場合には，利子率に政策目標を定めると，より安定した所得水準を保つことができる

トするときには,マネー・サプライを増加させて,LM_0まで戻しますので,利子率はi_0の水準を維持し,国民所得もY_0に保たれることになります。

それゆえ,経済の不安定化要因が貨幣市場の側にある場合には,金融政策の運営目標を利子率の安定に置いた方が,安定化政策としてはより有効であるといえます。

そうなんだ!

「金融緩和政策は国民所得を増加させる」— このように,金融政策は常に有効性を発揮するのだろうか?

—答えは,NOでもあり,YESでもある。—その理由を考えてみましょう。

金融緩和政策(ここでは買いオペ)を実施したとき,

買いオペ → マネー・サプライの増加 → ① → 利子率の低下 → ② → 投資増加 → 国民所得の増加

と必ずなるわけではありません。金融政策が有効になるための鍵となっているのは,

① マネー・サプライを増加させたとき利子率が低下することです。しかし,流動性のワナの状態になっている(LM曲線が水平)のときにはマネー・サプライが増加しても,利子率は低下しません。

② 次に,利子率が低下したとき投資が増加するかどうかです。IS曲線が垂直のときはたとえ利子率が低下しても投資は増加しません。このことを投資の利子非弾力性といいます。

以上のことから,金融市場が流動性のワナの状態になく,財市場で利子率の変化に対して投資が変化する状態にある(投資が利子弾力的である)ときにのみ金融政策は有効なのです。

—これが答えです。

演習

〔設問〕マクロ経済モデルが次のように与えられるとする。ここで，貨幣供給量が12だけ減少したとき，国民所得および均衡利子率はどのように変化するか。正しい組み合わせを(1)〜(4)から選びなさい。

(1) 消費関数　$C = 20 + 0.8Y$
(2) 投資関数　$I = 140 - 16i$
(3) 貨幣需要関数　$L = 0.2Y + 260 - 8i$
(4) 貨幣供給量　$M = 300$

	国民所得	利子率
(1)	20減少	0.2％上昇
(2)	30減少	0.4％上昇
(3)	40減少	0.5％上昇
(4)	50減少	0.7％上昇

【解答・解説】

《 正解は(3) 》

　与えられたマクロ経済モデルよりIS曲線とLM曲線を導き，それらを連立させることによって均衡国民所得Yと均衡利子率iを求めることができる。

　まず，IS曲線は生産物市場の均衡条件$Y = D$，あるいは$S = I$を満たす国民所得と利子率の組み合わせを表す曲線である。均衡条件は貯蓄＝投資で与えられるが，消費関数$C = 20 + 0.8Y$より，貯蓄$S = -20 + 0.2Y$であるから，$-20 + 0.2Y = 140 - 16i$より，IS関数は，次のようになる。

$$Y = 800 - 80i \qquad \cdots\cdots ①$$

　一方，LM曲線は貨幣市場の均衡条件$M = L$を満たす国民所得と利子率の組み合わせを表す曲線であるから，$300 = 0.2Y + 260 - 8i$より，LM関数は，次のようになる。

$$Y = 200 + 40i \qquad \cdots\cdots ②$$

ここで，①式と②式を連立させて解くと，Yとiを求めることができる。

$$800-80i=200+40i$$

より，$i=5$となる。さらに，これを①式あるいは②式に代入すると，次のようになる。

$$Y=400$$

設問から貨幣量が12だけ減少すると，$M=288$となるので，LM関数は，

$$288=0.2Y+260-8i$$

より，

$$Y=140+40i \qquad\qquad\cdots\cdots③$$

となる。この③式をIS関数を示す①式と連立させると，

$$800-80i=140+40i$$

より，

$$Y=360$$
$$i=5.5\ (\%)$$

となる。よって，国民所得は40減少し，利子率は0.5％上昇する。

第5部 物価と雇用

19 総需要関数・総供給関数

　マクロ経済の主要の問題の一つは，インフレーションです。これまで，$IS-LM$分析を用いて，財市場と貨幣市場の相互作用の問題をみてきましたが，そこでは物価水準の問題が明示的には取り扱われませんでした。

　ここでは，総需要曲線と総供給曲線を用いて，国民所得と物価水準の関係を分析していきます。なお，ここで物価水準をマクロ経済モデルに導入すると，国民所得Yは実質国民所得（実質GDP）を表すことになります。そこでまず，総需要曲線を導出することから始めていきます。

1　総需要曲線

　総需要曲線は，需要面からみた実質国民所得と物価水準の関係を表す線です。この線は$IS-LM$分析をもとにして導くことができます。$IS-LM$分析を表す図19-1において，名目貨幣供給量を一定とすると，物価水準P_0のもとで，IS曲線とLM(P_0)曲線の交点E_0で国民所得がY_0に決まっているとします。ここで，物価がP_0からP_1，P_2と下落していきますと，実質貨幣供給量$\left(\frac{M}{P}\right)$が増加しますから，LM曲線は右下方へと移動します。その結果，IS曲線とLM曲線の交点がE_1，E_2へと移動し，国民所得がY_1，Y_2へと増加することになります。そこで，ここにおける物価Pと所得Yの関係を図にしてみますと，図19-1に示されるAD曲線が得られます。このとき，物価水準と実質所得との関係を示した曲線を**総需要曲線**（あるいは**AD曲線**）といいます。

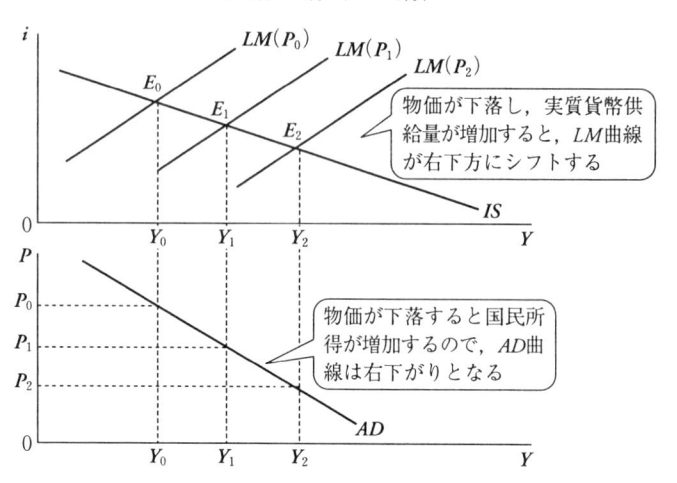

図19－1　総需要曲線（AD曲線）

（グラフ内注釈）
物価が下落し，実質貨幣供給量が増加すると，LM曲線が右下方にシフトする

物価が下落すると国民所得が増加するので，AD曲線は右下がりとなる

　このAD曲線が右下がりとなっているのは，物価の低下により実質貨幣供給量が増加すると，貨幣市場では利子率が低下しますので，国民所得が増加し，その乗数倍の国民所得が増加するというメカニズムが想定されているためです。つまり，物価下落による総需要の増加が国民所得を増加させるということです。この関係は，次のようにまとめることができます。

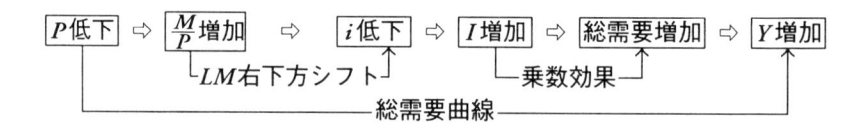

P低下 ⇒ $\dfrac{M}{P}$増加 ⇒ i低下 ⇒ I増加 ⇒ 総需要増加 ⇒ Y増加
　　　　└ LM右下方シフト ┘　　　　└ 乗数効果 ┘
　　　　└──────── 総需要曲線 ────────┘

　物価変動以外の要因によって総需要が変化するときにはAD曲線自体がシフトします。すなわち，消費支出が増加したとき，投資支出が増加したとき，政府支出が増加したときは，IS曲線が右上方へとシフトしますから，それに応じてAD曲線は右上方へシフトします。
　また，金融緩和政策がとられたときもLM曲線が右下方へシフトし，総需要が増大しますから，AD曲線は右上方へとシフトします。

2 総供給曲線

　総供給曲線（AS曲線）は，企業が供給しようとする国内総生産（GDP）と物価水準との関係を示す曲線ですが，それはケインズ経済学における労働市場の分析を通じて導き出すことができます。

古典派の雇用理論　　ケインズは，古典派の雇用理論が次の2つの公準に依拠するとしました。

　　第1公準：実質賃金は労働の限界生産物に等しい。
　　第2公準：実質賃金の効用はそのときの労働の限界不効用に等しい。

　このうち，第1公準からは実質賃金の低下にしたがって労働需要が増大する右下がりの労働需要曲線が描かれ，第2公準によって限界苦痛逓増の法則に基づく右上がりの労働供給曲線が描かれます。この両曲線によって雇用量が決定されるというのが，古典派の雇用理論です。

古典派の第1公準　　古典派の第1公準から，企業による産出量の増加と物価水準の関係を示す総供給曲線を導き出すことができます。

　まず第1公準は，企業の労働需要の条件を示すものですが，その内容は次のように説明できます。企業は，利潤最大化を追求して生産活動を行うと考えられますが，利潤 π は総収入と総費用の差です。そこで，利潤極大をもたらす最適雇用量を決定する条件は労働の限界生産物＝実質賃金率となります[注]。

　これが，古典派の第1公準です。ここから，労働の限界生産物 $\frac{dY}{dN}$ が収穫逓減の法則にしたがって労働投入量の増加につれて逓減していくことを前提にして，実質賃金が低下すると労働需要が増加するという右下がりの労働需要曲線を導出することができます。

総供給曲線　（注）に示した古典派の第１公準から，物価を表す式で示すと，

$$P = \frac{dN}{dY} \cdot w$$

となります。ここで，Pは物価，$\frac{dN}{dY}$は労働の限界生産物の逆数，wは賃金率をそれぞれ表します。

資本設備に変化がない短期を前提とすれば，$Y=f(N)$の生産関数にしたがって雇用量が増加すれば産出量 y も増加します。ただし，雇用量が増加すると労働の限界生産物 $\frac{dY}{dN}$ は逓減するので，その逆数である $\frac{dN}{dY}$ は逓増します。そこで，$w = \bar{w}$ としますと，雇用量が増加して産出量，すなわち国民所得が増加しますと，上式より，物価が上昇することになります。この関係は，次のようにまとめることができます。

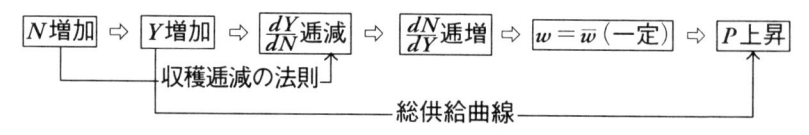

$\boxed{N\text{増加}} \Rightarrow \boxed{Y\text{増加}} \Rightarrow \boxed{\frac{dY}{dN}\text{逓減}} \Rightarrow \boxed{\frac{dN}{dY}\text{逓増}} \Rightarrow \boxed{w=\bar{w}(\text{一定})} \Rightarrow \boxed{P\text{上昇}}$

　　　　　　　　　　収穫逓減の法則　　　　　　　　　総供給曲線

（注）産出量を Y，価格を P，生産要素として投入される労働量を N，その価格である賃金率を w とすると，利潤 π は，

$$\pi = P \cdot Y - wN \qquad \cdots\cdots ①$$

となる。利潤最大化は，①式を労働量 N で微分してゼロと置くことによって得られる。すなわち，

$$\frac{d\pi}{dN} = P\frac{dY}{dN} - w = 0 \qquad \cdots\cdots ②$$

したがって，

$$P\frac{dY}{dN} = w$$

であり，さらに，この式を変形して，

$$\frac{dY}{dN} = \frac{w}{P} \qquad \cdots\cdots ③$$

とすると，利潤最大化条件は，

労働の限界生産物 $\frac{dY}{dN}$ ＝実質賃金 $\frac{w}{P}$

となる。

この関係を示したものが、図19-2の**総供給曲線（AS曲線）**です。なお、完全雇用にいたると実質GDPは増加しませんので、完全雇用水準Y_fのところでAS曲線は垂直となります。

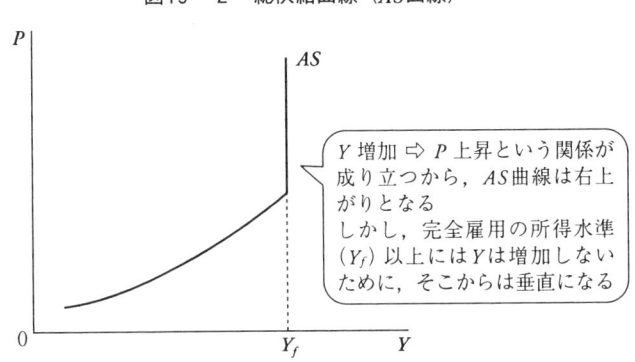

図19-2　総供給曲線（AS曲線）

Y増加 ⇨ P上昇という関係が成り立つから、AS曲線は右上がりとなる
しかし、完全雇用の所得水準（Y_f）以上にはYは増加しないために、そこからは垂直になる

3　実質GDPと物価水準の同時決定

AD曲線とAS曲線から、実質GDPと物価水準を決定することができます。図19-3において、ASがAS_0で、ADがAD_0のときは、物価P_0に、実質GDP

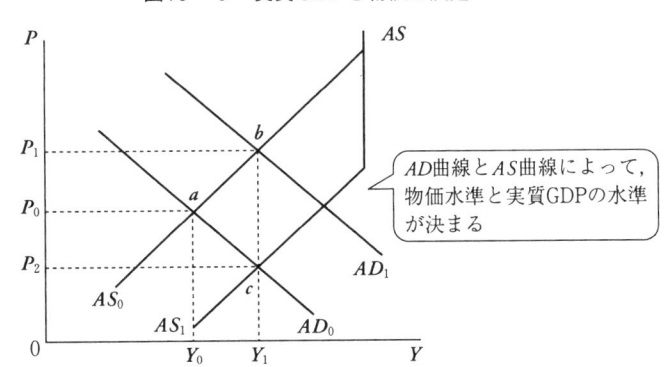

図19-3　実質GDPと物価の決定

AD曲線とAS曲線によって、物価水準と実質GDPの水準が決まる

は Y_0 となります。総需要が増加しますと，AD は AD_1 と右へシフトするため，物価は P_1 へ上昇し，実質GDPは Y_1 へと増加します。

総需要が AD_0 のとき，原材料費や賃金率の低下によって総供給曲線が AS_0 から AS_1 へと下方シフトしますと，物価は P_0 から P_2 へと下落し，実質GDPは Y_0 から Y_1 へと増加します。

なお，AD 曲線を右へシフトさせる要因は，消費支出の増加，投資支出の増加，政府支出の増加，マネー・サプライの増加などが考えられます。また，AS 曲線を右下方へシフトさせる要因は，労働生産性の上昇，技術水準の向上に伴う生産コストの低下，資源供給量の増加および政府による規制緩和などです。

そうなんだ！

完全失業率とは何か？

まず，完全失業者とはどういう人であるかを考えてみましょう。下の表にあるように，労働人口から就業者を引いた人数が完全失業者です。完全失業者は，以下の条件を満たす人のことです。

(i) 調査期間中にまったく仕事をしていなかった。
(ii) しかし，仕事を探す活動をしていた。
(iii) 仕事が見つかれば，すぐにでも仕事をする。

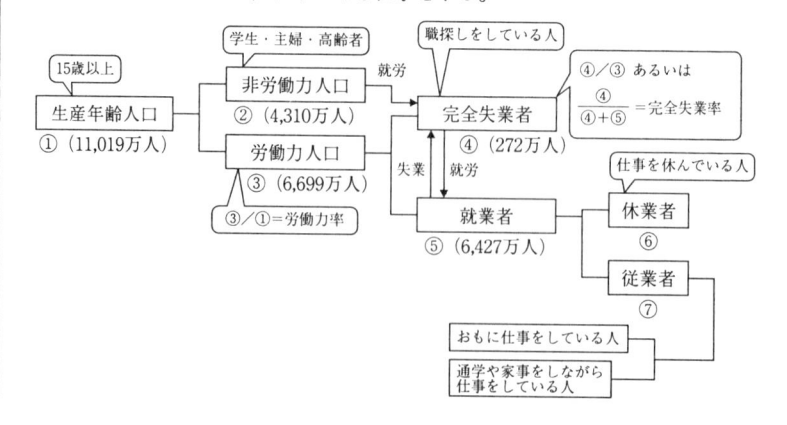

```
                          学生・主婦・高齢者        職探しをしている人
    15歳以上              非労働力人口      就労                        ④／③ あるいは
    生産年齢人口    ──→   ②（4,310万人）   ──→   完全失業者          ④／（④＋⑤）＝完全失業率
    ①（11,019万人）       労働力人口              ④（272万人）
                          ③（6,699万人）   失業                       仕事を休んでいる人
                          │                就労                       休業者
                          ③／①＝労働力率                              ⑥
                                                   就業者
                                                   ⑤（6,427万人）      従業者
                                                                       ⑦
                                                       おもに仕事をしている人
                                                       通学や家事をしながら
                                                       仕事をしている人
```

完全失業者を労働人口で割ると，完全失業率を求めることができます。（ ）のなかの数値は平成18年8月時点のデータです。それによれば，

$$\frac{272}{6,699} \times 100 = 4.1\%$$

です。平成14年が失業率のピークで5.4％でしたから，だいぶ失業率が下がってきています。

演 習

〔設問〕総供給曲線（AS）および総需要曲線（AD）が図のように示されているとき，次の記述のうち正しいものはどれか。

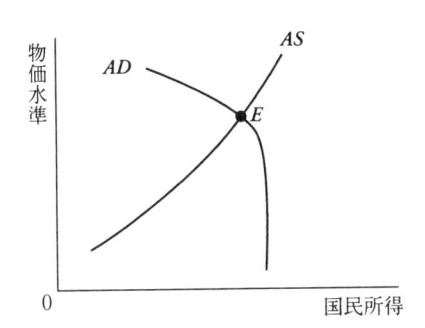

(1) AS曲線が右上がりであるのは，物価水準の上昇に伴って実質貨幣残高が減少するためである。
(2) AD曲線が右下がりであるのは，限界生産物逓減の法則に基づいている。
(3) AD曲線が垂直となる領域では，投資の利子弾力性がゼロであるか，または貨幣需要の利子弾力性が無限大である。
(4) 貨幣賃金の上昇はAD曲線を右上方にシフトさせ，国民所得を増大させる効果をもつ。

【解答・解説】

《 正解は(3) 》

ここでは，総需要曲線と総供給曲線の内容が理解できているかどうかがポイントになる。両曲線のうち，AD曲線は$IS-LM$をもとにして導くことができる。たとえば，名目貨幣供給量を一定として，物価が低下すると，実質貨幣供給量が増大するのでLM曲線が右方にシフトする。その結果，国民所得が増加するので，物価と国民所得の間に右下がりの総需要曲線が描ける。

ただし，LM曲線が流動性のワナに陥って，貨幣需要の利子弾力性が無限大となっている場合には，物価が下落しても国民所得は増加しないので，この部分についてはAD曲線は垂直となる。また，投資の利子弾力性がゼロの場合には，IS曲線が垂直となるために，LM曲線が右方にシフトしても国民所得は増加しない。この場合にもAD曲線は垂直となる。ゆえに，選択肢(3)は正しい。

一方，総供給曲線は短期分析のもとで限界生産物逓減の法則をもとにして導かれるものである。企業が利潤最大化条件にしたがって生産を行うと，賃金を一定とすれば国民所得の増加につれて物価が上昇することになる。したがって，総供給曲線が右上がりとなるのは，限界生産物や賃金水準といった労働市場の条件によるものなので，選択肢(1)は誤りである。

(2)と(4)は総需要曲線ではなく，総供給曲線に関するものなので誤りである。(2)の限界生産物逓減の法則はAS曲線の右上がりを生みだす要因である。(4)の貨幣賃金の上昇はAS曲線を左上方にシフトさせる要因となる。

20 インフレーションとデフレーション

① インフレーションの分析

　総需要曲線（AD）と総供給曲線（AS）を用いてインフレの原因をディマンド・プルとコスト・プッシュに分けて説明することができます。

▍**ディマンド・プル・インフレーション**　図20－1において，有効需要が増えますと，AD曲線はAD_0からAD_1へシフトします。このときには，有効需要の増加は物価の上昇と産出量の増加の両者によって吸収されます。さらに，有効需要がAD_2に増大しますと，今度はすべて物価騰貴という形で現れます。前者を**半インフレーション**，後者を**真正インフレーション**といいますが，両者とも有効需要の増加によって生じるインフレーションであるために，ディマンド・プル・インフレーションといいます。

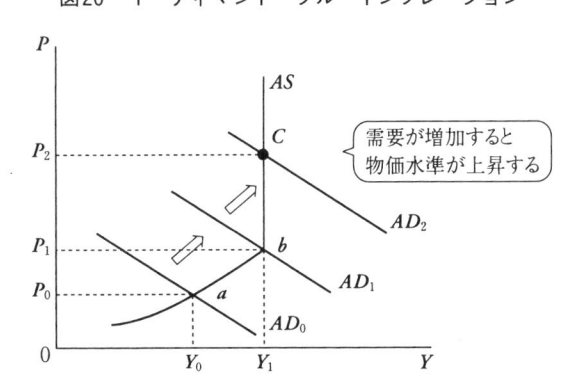

図20－1　ディマンド・プル・インフレーション

コスト・プッシュ・インフレーション　　生産コストの上昇が発生しますと，図20−2のようにAS曲線が，AS_0からAS_1へと上方へシフトします。そこでは，実質GDPはY_fからY_0へ低下し，物価はP_0からP_1へと上昇します。このように，コストの上昇に伴って引き起こされたインフレーションを**コスト・プッシュ・インフレーション**といいます。

このとき，実質GDPの減少を食い止めるには，総需要の増加が必要となります。総需要曲線（AD曲線）をAD_0からAD_1へとシフトさせることができるならば，完全雇用の所得水準Y_fへ復帰することが可能となります。しかし，物価はP_2へとさらに上昇するおそれがあります。

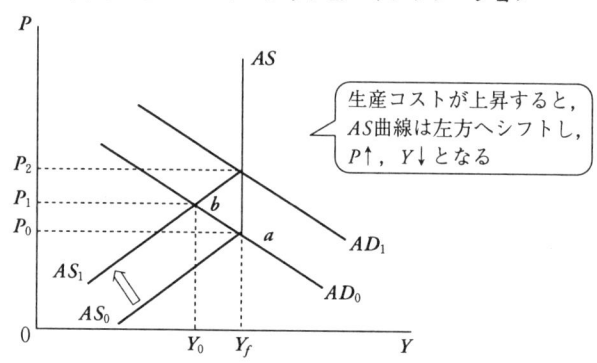

図20−2　コスト・プッシュ・インフレーション

生産コストが上昇すると，AS曲線は左方へシフトし，$P↑$，$Y↓$となる

2　デフレーションの分析

総需要・総供給分析を用いますと，わが国において1990年代の後半にみられたようなデフレーション（以下デフレ）についても，デフレの原因と結果について明らかにすることができます。

デフレの原因の一つは，景気後退に伴う需給ギャップの拡大でしたが，これは図20−3に示されるように，AD曲線の左下方シフトによるものでした。需要の減少によるデフレは景気後退期にみられる現象ですが，90年代後半のわ

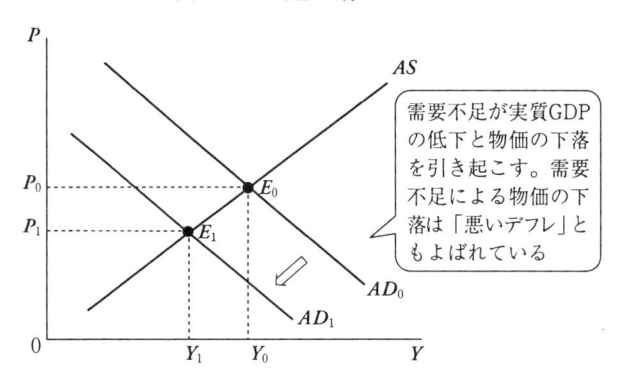

図20－3　AD曲線のシフト

需要不足が実質GDPの低下と物価の下落を引き起こす。需要不足による物価の下落は「悪いデフレ」ともよばれている

が国においては，デフレによって企業の売上が減少する一方，賃金等のコストは短期的に下方硬直的であるために，企業収益の減少が顕在化することになりました。そのため，企業はコスト削減によって収益を確保する必要に迫られ，一段と厳しいリストラ策をとることになりました。その結果，雇用情勢は悪化，失業率が5％台にも達したために，所得不安・雇用不安から消費需要が減少し，AD曲線をさらに左下方にシフトさせ，物価の下落とともにGDPの水準をいっそう低下させることになりました。そこには，いわゆるデフレスパイラルの進行が懸念される状況がありました。表20－1には物価の下落と経済活動の停滞の関係が示されています。

もう一つのデフレの原因は，生産性の上昇やコストの低下です。円高により輸入品の価格が下がるケースもこれにあたります。これは図20－4に示されるように，AS曲線の右下方シフトをもたらします。この場合，デフレは実質所得の増加を通じて需要を増加させますので，一層の所得拡大が可能になります。円高が進行した90年代後半のデフレの一部は，このようなAS曲線の右下方シフトによってもたらされたといえます。

このように，デフレという現象そのものは同じですが，それが実体経済に与える影響は，AD曲線のシフトとAS曲線のシフトでは大きな違いがあります。こうした状況の違いを明確に表すことができるという点で，総需要・総供給分

180　第5部　物価と雇用

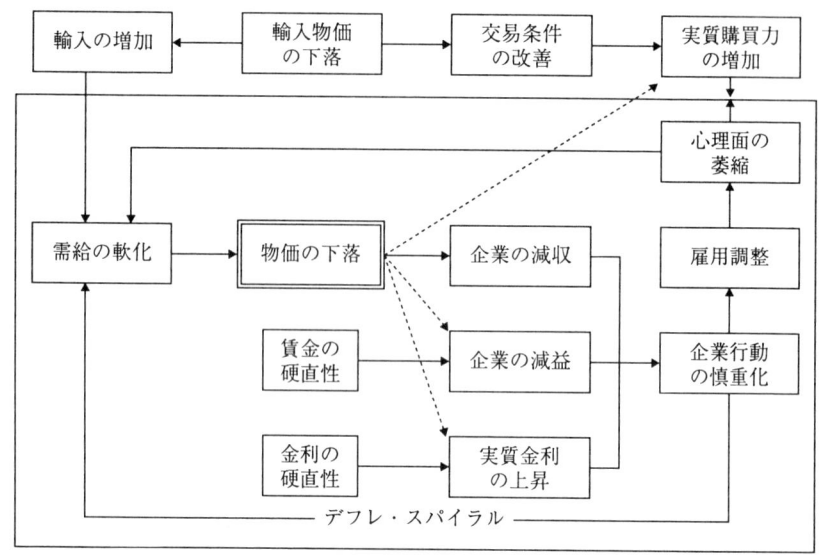

```
[輸入の増加] ← [輸入物価の下落] → [交易条件の改善] → [実質購買力の増加]
                                                              ↑
                                                      [心理面の萎縮]
                                                              ↑
[需給の軟化] → [物価の下落] → [企業の減収] → [雇用調整]
                          ↘ [企業の減益] → [企業行動の慎重化]
      [賃金の硬直性] →
      [金利の硬直性] → [実質金利の上昇]
────── デフレ・スパイラル ──────
```

出所：『経済白書』(1998年度版)。

表20−1　「デフレ・スパイラル」のフローチャート

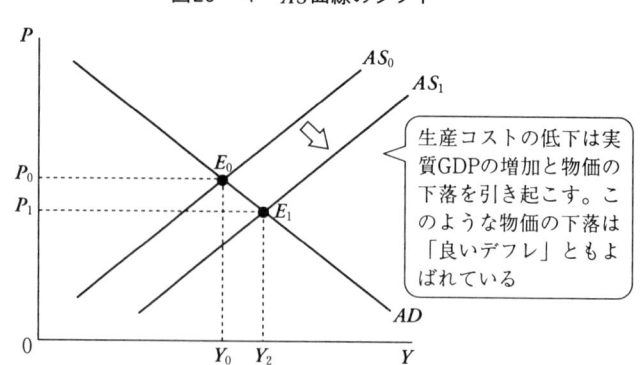

図20−4　AS曲線のシフト

生産コストの低下は実質GDPの増加と物価の下落を引き起こす。このような物価の下落は「良いデフレ」ともよばれている

析は有用な道具であるといえます。

3 財政・金融政策とインフレーション

　財政・金融政策が国民所得に与える効果については，すでに$IS-LM$分析に基づいて詳しく説明しましたが，ここでは総需要曲線と総供給曲線を使ってもう一度確認しておくことにします。総需要・総供給分析を用いると，物価の変動を明示的に分析できるというメリットがあります。

財政政策　　まず，拡張的な財政政策がとられた場合の効果をみてみよう。財政支出の拡大は総需要を増大させるので，図20－5に示されるように総需要曲線がD_0からD_1へ右上方にシフトします。その結果，実質GDPがY_0からY_1に増加するとともに，物価がP_0からP_1に上昇することになります。ここに，総需要の増大が物価に与える効果が明示的に示されることになります。

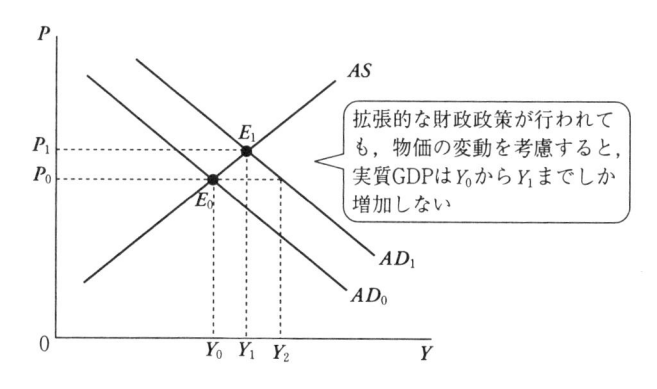

図20－5　物価上昇と実質GDP

> 拡張的な財政政策が行われても，物価の変動を考慮すると，実質GDPはY_0からY_1までしか増加しない

　物価の上昇を考慮しますと，$IS-LM$分析において財政支出の拡大がIS曲線の右上方シフトを通じて国民所得を増大させる効果が過大評価されていたことがわかります。なぜなら，$IS-LM$分析では物価が変化しませんでしたので，IS曲線が右上方にシフトしてもLM曲線は変化しません。したがって，図にあるように実質GDPはY_2まで増加します。しかし，総需要の拡大によって物

価が上昇しますと，実質貨幣供給量$\frac{M}{P}$が減少するために，IS曲線が右上方にシフトする一方でLM曲線が左上方にシフトします。その結果，IS曲線とLM曲線の交点で決定される実質GDPはY_1となり，$IS-LM$分析でみたものより小さくなるからです。

▍金融政策　　次に，拡張的な金融政策の効果を考えてみます。金融緩和政策によってマネー・サプライが増大しますとLM曲線が右下方にシフトし，利子率を低下させるとともに実質GDPを増加させることになります。しかし，物価の変化を入れますと，この$IS-LM$分析における実質GDPの増加も総需要増大の効果を過大評価していることになります。

　金融政策による総需要の増大は，財政政策の効果と同様に総需要曲線を右上方にシフトさせますので，図20－5に示されるように物価を上昇させます。その結果，実質貨幣供給の減少によりLM曲線は左上方へシフトしますので，物価の変化を考慮しなかった場合のY_2に比べてGDPの増大を低く抑えることになります。

そうなんだ！

インフレ期に，金利が上昇するのははぜ？

　物価が上昇すると金利も上昇するという現象がみられます。これは，物価が上昇するときに銀行にお金を預けますと，金利が上がらないと物価の上昇に応じて手取り金額が目減りしてしまうからです。たとえば，1,000万円を1年間定期預金する場合，金利（名目利子率）が5％であるとすると，1年後の元利合計は，
　　1,000×（1＋0.05）＝1,050万円
となります。ところが，金融緩和によって1年間の予想物価上昇率が3％ほど見込まれているとすると，1,000万円の1年後の元利合計1,050万円の実質価値は，
　　1,000×（1＋0.02）＝1,020万円
へと30万円も目減りしてしまいます。つまり，実質金利は預金金利の5％から予想物価上昇率の3％を引いた2％ということになります。この2％が実質利子率で

す。したがって、人々は実質金利を5％に維持するために、名目金利の引上げを要求することになります。

ここには、

　　　名目利子率＝予想実質利子率＋予想物価上昇率

という関係が成り立ちます。この関係から、名目利子率は予想物価上昇率に応じて上昇することがわかります。これを「フィッシャー効果」といいます。ここから、インフレ期には名目利子率が上昇することがわかります。

このフィッシャー効果に基づいて、マネタリストたちは、中央銀行によるケインズ的金融緩和政策はやがて金利を上昇させてしまうので、景気拡大策としては有効ではないと批判しています。

演習

〔設問〕インフレーションに関する正しい記述は次のうちどれか。

(1) 支出が完全雇用水準を超える場合、労働は不足し、賃金は引き上げられ、賃金上昇は所得の上昇および支出の増加を意味することになり、これは「コスト・プッシュ・インフレーション」とよばれる。

(2) 財および労働への超過需要がない場合に、費用および物価が上昇していれば、失業と物価上昇が並存することになり、これは「ハイパー・インフレーション」とよばれる。

(3) 全体的な需要に変化がなくても、部分的に需要の減少した部門において、価格が下方硬直性を示して下落せず、需要が増加した部門において価格が上昇する場合、これを「コスト・プッシュ・インフレーション」という。

(4) 完全雇用が達成されたあと、有効需要がなお一層増加した場合、インフレ・ギャップが発生して、一般物価水準が上昇する。これは「ディマンド・プル・インフレーション」という。

【解答・解説】

《正解は(4)》

(1) 支出が完全雇用水準を超える場合の物価上昇はディマンド・プル・インフレーションのケースである。完全雇用を超えて支出，つまり需要が増加すると労働需要の増加が賃金の上昇を引き起こす。これは物価を比例的に上昇させることになり，実質生産量は完全雇用水準にとどまる。ゆえに，(1)は誤りである。

(2) 失業と物価上昇の併存は，スタグフレーションとよばれる状態であり，ハイパー・インフレーションではない。ゆえに，(2)は誤りである。

(3) 需要の減少により超過供給にある部分で賃金の下方硬直性のために価格が下落せず，超過需要にある部門で価格が上昇することにより，全体としての物価水準が上昇するケースは，需要シフト・インフレーションとよばれるものである。ゆえに，(3)は誤りである。

(4) インフレ・ギャップによる物価上昇は，ディマンド・プル・インフレーションである。ゆえに(4)は正しい。

21 所得・物価・雇用

① フィリップス曲線

これまで，総需要曲線と総供給曲線を用いて，実質GDPと物価の関係についてみてきました。ここでは，それをさらに一歩進めて，物価と雇用，つまりインフレと失業の関係を分析していきます。

▎フィリップス曲線　インフレーションと失業の問題は，マクロ経済学における重要なテーマですが，この問題に関する理解に最も大きな衝撃を与えたのがフィリップス曲線の発見です。

イギリスの経済学者A. W. フィリップスは，1861年から1957年の約100年間にわたるイギリスの失業率と貨幣賃金上昇率の関係を調べ，そこに図21－1（A）に示されるような右下がりの曲線で表される関係があることを発見しました。

この図は，失業率が低いときには賃金上昇率が高く，逆に失業率が高いときほど，賃金上昇率が低いことを表しています。これを**フィリップス曲線**といいます。

その後，アメリカにおいてサムエルソンとソローが物価上昇率と失業率の間にも同様な関係があることを確認しました。つまり，失業率が低いときには物価上昇率が高くなり，失業率が悪化するときには物価上昇率が低下するということです。この関係を示す曲線を**物価で修正されたフィリップス曲線**といいます（図21－1（B））。この物価で修正されたフィリップス曲線は，物価上昇率と失業率，すなわち物価と雇用の間にトレード・オフの関係を検出したものとして，大きな関心をよびました。

186 第5部 物価と雇用

図21−1 フィリップス曲線

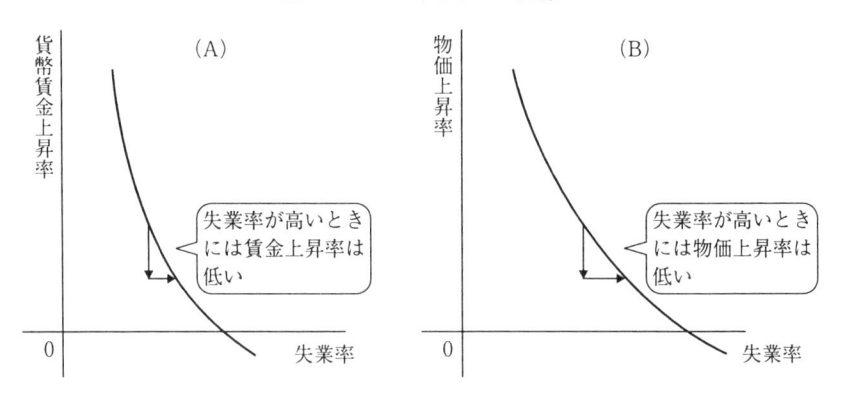

(A) 貨幣賃金上昇率／失業率

失業率が高いときには賃金上昇率は低い

(B) 物価上昇率／失業率

失業率が高いときには物価上昇率は低い

このフィリップス曲線のトレード・オフ関係は，経済政策に関してきわめて重要な意味をもっています。すなわち，もし現実の経済にこのような関係がみられるならば，失業率を引き下げようとすると，物価上昇を失業解消のコストとして受け入れざるを得ないということであり，逆に物価上昇を抑えようとすると，失業率が上昇することになります。ただし，フィリップス曲線が安定的であるかぎり，政策当局者は失業と物価上昇のそれぞれのコストを比較して，このフィリップス曲線上で社会的に望ましい失業率と物価上昇率の組み合わせを選択することができると考えることができます。

２　フィリップス曲線の理論構造

次には，労働市場の分析をふまえて，上記のような物価と雇用の間の統計的結果をどのように解釈したらよいかをみていくことにします。

図21−1に示される　フィリップス曲線が示す物価と雇用の相反関係を説明するためには，総供給 Y と物価 P との間の右上がりの関係を表す総供給曲線を用いる必要があります。ただし，物価と雇用の関係という現実的な問題を説明する場合には，これまでに求めた第１公準に基づく総供給曲線では，いくつかの点で経済の実態に合わないために，これをより現実的な条件のもとに書き

直す必要があります。

総供給曲線の問題点　第1に，古典派の第1公準に基づいて導出された総供給曲線は，所得と物価の関係が企業の利潤最大化行動を条件として労働需要の面からのみ導かれており，そこには労働供給，特に失業率の大小が関係していないという問題があります。第2に，第1公準では，名目賃金が一定と仮定されているために，生産および雇用が拡大するにつれて実質賃金が低下していくことになります。しかし，雇用の拡大につれて実質賃金が低下していくということは，現実にはみられない現象です。第3に，収穫逓減の法則にしたがって，生産の増大につれて労働の限界生産物が低下していくと仮定されていますが，実際に企業が操業する範囲では，限界生産物の逓減はみられません。第4に，第1公準のもとでは，労働の限界生産物と実質賃金の関係がそのまま労働需要の変化に結びつくとされていますが，企業の雇用決定には実質賃金のほかにも将来の販売期待や雇用の調整費用等の要因が関係してくると考えられます。それゆえ，物価・所得・雇用の関連を説明する場合には，第1公準に基づく総供給曲線とは別に，現実的な仮定のもとに描かれた総供給曲線を手に入れる必要があります。

賃金率と失業率　右下がりフィリップス曲線が妥当する場合，労働市場では失業が増大するほど賃金率は低下し，失業が減少するほど賃金率は上昇します。まず，この関係をもとにして，賃金率と失業率の関係を説明すると次のようになります。

いま，摩擦的失業を除いて，非自発的失業のない完全雇用水準を N_n とし，この N_n のもとでの失業率，すなわち自然失業率を U_n とします。現実の雇用水準を N としますと，N_n と N の差が失業の大きさとなりますので，現実の失業率 U は，

$$U = \frac{N_n - N}{N} \qquad \cdots\cdots ①$$

と表せます。①式において、労働市場が完全雇用にあるときには、$N_n = N$となりますので、失業率はゼロとなります。現実の雇用が完全雇用水準を超え、$N_n < N$となる場合には、$U < 0$となり、失業率はマイナスとなります。一方、$N_n > N$の場合は、非自発的失業が存在し、$U > 0$となり、失業率は上昇することになります。

次に、貨幣賃金率wは労働市場における失業の程度に反応しますので、それを①式に対応させて失業率がプラス（$U > 0$）であればwは低下し、失業率がマイナス（$U < 0$）であれば上昇すると考えられます。そこでこの関係は、次のように表すことができます。

$$w = w_{-1}(1 - \alpha U) \qquad \cdots\cdots ②$$

ここで、w_{-1}は前期の賃金率であり、αは失業に対する賃金率の反応度を表す正の係数です。②式からわかることは、完全雇用が成立し、$U = 0$となると、今期の賃金wは前期の賃金w_{-1}に等しくなりますので、賃金率は上昇も低下もしません。Uがプラスとなり、失業が存在するときには、$(1 - \alpha U)$が1より小となりますので、wはw_{-1}を下回ることになります。つまり、失業が生じると貨幣賃金率が低下するということです。逆に、Uがマイナスなら、wは上昇することになります。

①式と②式からは、労働市場において、完全雇用を下回って雇用が減少すると失業率が上昇し、それが賃金率を低下させ、逆に完全雇用を上回って雇用が増加すると、失業率はマイナスとなり、賃金率を上昇させることがわかります。

価格決定　次に、賃金率の変化と物価との関係を考えるうえで企業による価格決定がどのようになされるかが問題となります。ここでは、企業は価格決定に関して**フル・コスト原理**を採用するものとします。これは、寡占市場における企業の価格設定行動を表すものです。したがって、価格決定式は、

$$P = AC(1 + r) \qquad \cdots\cdots ③$$

となります。ここで，AC は平均費用であり，r はマーク・アップ率です。つまり，企業は平均費用に一定の利潤を上乗せして価格を設定すると仮定します。こうした関係をもとにして，新しい総供給曲線を導くことができます。

■ **新しい総供給曲線**　上記の条件のもとで産出量の変化と価格の間には次のような関係が成り立つと考えられます。まず，何らかの理由で総需要が増大しますと，それは現実の産出量（Y）を増大させるだけでなく，将来にわたる期待産出量（Y_e）を高めることを通して，雇用（N）の増大を促します。実際にも，企業は生産したものがどのくらい売れるかという販売予想に基づいて生産および雇用についての計画を立てると考えられます。雇用増加は①式および②式より貨幣賃金率 w を上昇させます。w の上昇は企業にとってコストの上昇になりますので，価格設定式③を通じてその一部が価格上昇に転嫁されることになります。このようにして，総供給 Y と物価 P の間には，図21－2に示されるような右上がりの関係が成立することになります。この関係は，次のようにまとめることができます。

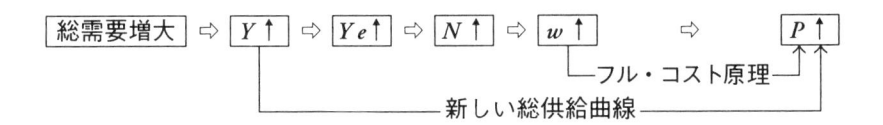

$$\boxed{総需要増大} \Rightarrow \boxed{Y\uparrow} \Rightarrow \boxed{Y_e\uparrow} \Rightarrow \boxed{N\uparrow} \Rightarrow \boxed{w\uparrow} \Rightarrow \boxed{P\uparrow}$$

──────フル・コスト原理──────
─────────新しい総供給曲線─────────

なお，この新しい総供給曲線においては，雇用が，期待産出量 Y_e と雇用の調整費用に依存しているということに注意する必要があります。企業による雇用量の決定は，期待産出量ないし期待販売量に左右されます。期待販売量が増大しますと労働需要は高まりますが，期待販売量の低下は労働需要を減少させます。

また，現実の企業は雇用を変動させる場合，相当の調整費用を要します。それは，新規採用のための募集広告，入社試験，社員教育・訓練のための費用や解雇・退職に伴う費用です。それゆえ，これらの費用が高い場合には，一時的な需要変化に対する雇用調整には慎重な行動をとると考えられます。この場合

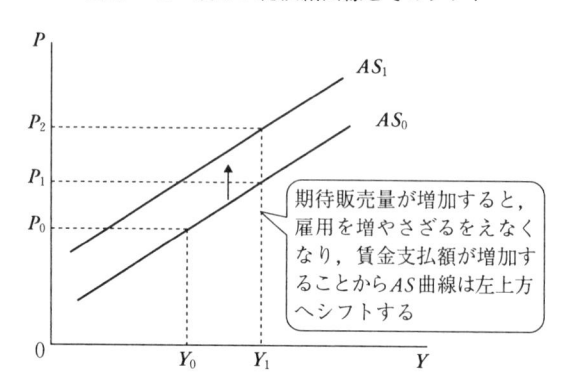

図21－2　新しい総供給曲線とそのシフト

期待販売量が増加すると，雇用を増やさざるをえなくなり，賃金支払額が増加することから AS 曲線は左上方へシフトする

には，総供給曲線の傾きが，よりゆるやかになるといえます。

総供給曲線のシフト　次に，総供給曲線のシフトについてみきおきます。右上がり総供給曲線のもとで，生産量 Y の増大は価格を高めることになりますが，図21－2に示されるように，たとえば当初，経済が Y_0 に位置し，総需要の増大によって Y_1 まで増大したとします。まず，生産量の増大は，AS_0 曲線に沿って価格を P_0 から P_1 に高めます。しかし，期待販売量が増大すると雇用拡大のために賃金がいっそう上昇し，これらの費用の上昇は価格上昇に転嫁されることになりますので，AS 曲線は AS_1 へと上方シフトすることになります。

総供給曲線と物価・雇用のトレード・オフ

新しい総供給曲線のもとで，生産の増加に伴う雇用の拡大がどのようにして物価の上昇に結びつくかがわかりました。そこでは，古典派の第1公準とは異なり，フル・コスト原理という寡占市場における企業行動が物価の動きを左右する要因であることが強調されました。さらに，雇用拡大に影響を与える要因として期待産出量と雇用の調整費用を考慮する必要があるということです。

ここから，雇用増加，すなわち失業率の低下が物価上昇と結びつくというフィリップス曲線が示す物価と雇用のトレード・オフの関係の理論的構造を理解

することができます。

3 フィリップス曲線と自然失業率仮説

■ **物価と失業のトレード・オフ**　フィリップス曲線は，物価上昇率と失業率の間にトレード・オフの関係があることを検証することによって，雇用か物価安定かという政策問題に大きな影響を与えました。つまり，物価と失業の間に右下がりのフィリップス曲線によって示されるような安定的な関係があるかぎり，物価安定と雇用確保の間に一定の関係を見出すことができるということです。

いま，縦軸に物価上昇率 $\pi = \frac{\Delta P}{P}$ をとり，横軸に失業率 U をとった場合のフィリップス曲線を示す図21－3において，労働市場における需給均衡のもとでの自然失業率を U_n とし，フィリップス曲線 F_0 がこの U_n を通る右下がりの曲線で示されているとします。この場合には，フィリップス曲線が自然失業率の水準で物価上昇率ゼロのところを横切っていますので，政府は適切な政策により物価安定と完全雇用の確保を両立できることになります。

しかし，もしフィリップス曲線が F_1 のような位置にあるときには，物価安定と完全雇用の両立は困難となります。このケースでは，物価上昇率を低く抑えようとしますと，失業率が自然失業率を上回ることになります。一方，失業

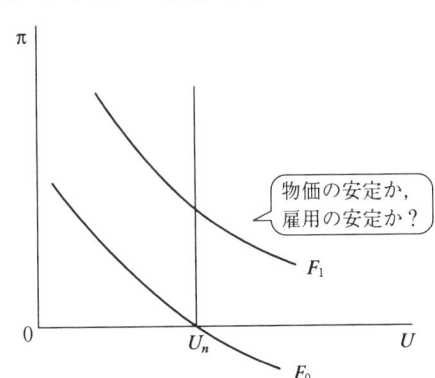

図21－3　フィリップス曲線と物価・雇用のトレード・オフ関係

率を自然失業率の水準に一致させようとすれば,物価が上昇することになります。

ただし,この場合にも,ある程度の物価上昇を雇用確保のためのコストとして容認することができれば,右下がりのフィリップス曲線のもとで,失業率を低下させるための政策が有効に作用し得ると考えることができます。これが,裁量的財政・金融政策を主張するケインジアンたちの考え方です。

▌マネタリストの批判　　ケインジアン的な見方に対して,右下がりフィリップス曲線の現実妥当性と政策の有効性に対してマネタリストの側から強い疑問が投げかけられました。

マネタリストの批判は,フィリップス曲線に基づく物価安定と雇用確保に関する政策の主張は,実質賃金と名目賃金を混同しているところに問題があるということです。マネタリストによれば,企業にしても労働者にしても,賃金交渉にあたって目標としているのは名目賃金ではなく実質賃金であり,名目賃金に基づく交渉では両者とも貨幣錯覚に陥っているために,そこでの失業率には市場の状況が反映されていないということになります。

労働市場の需給状態を反映させるには,実質賃金に基づく賃金交渉が行われなければならず,そうなれば貨幣錯覚を排して労働市場の需給関係から失業率が決定されると考えることができます。自然失業率は,まさにこのような形で決まる失業率です。

マネタリストによれば,この自然失業率の水準において何らかの理由から総需要の増加により名目賃金が上昇し,その結果失業率が減少するのは,物価の変化率に対する期待が不正確であるために,名目賃金の上昇を実質賃金の上昇と錯覚するためです。

時間の経過とともに,その錯覚に気づいて期待を修正すれば,物価上昇により実質賃金が変化していなかったことがわかりますので,失業率は自然失業率の水準に戻ることになります。その場合,フィリップス曲線は予想物価の上昇率分だけ上方にシフトすることになります。

ここでの議論は，将来の物価上昇率についての予想が変化するときにフィリップス曲線がシフトするという，きわめて重要な内容をもっています。

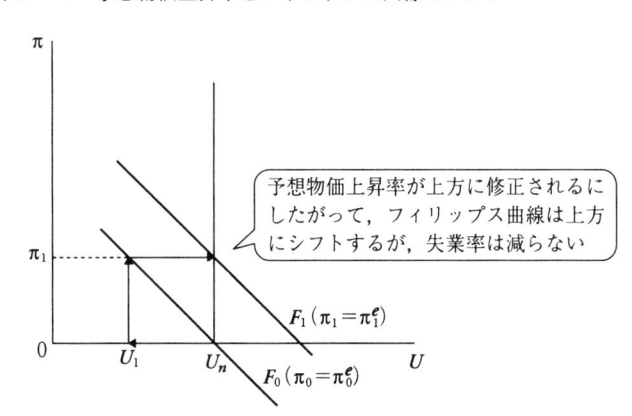

▎**予想物価上昇率とフィリップス曲線のシフト**　マネタリストたちのフィリップス曲線に対する批判は，1960年代から70年代にかけて生じた物価上昇率と失業率の上昇という現実の状況に対応するものでした。物価上昇と失業率の上昇が同時に生じる現象をスタグフレーションとよびますが，こうした状況は物価と失業のトレード・オフを示す右下がりのフィリップス曲線では説明し得ないものでした。マネタリストたちは，こうした状況を物価上昇の予想に基づくフィリップス曲線の上方シフトによって説明するとともに，雇用と物価安定のトレード・オフによる政策の選択に強い疑問を投げかけました。

物価上昇の予想を含むフィリップス曲線のシフトは，次のように説明されます。いま，図21-4において，予想物価上昇率 $\pi^e = \frac{\Delta P^e}{P^e}$ が現実の物価上昇率 π_0 と等しい場合のフィリップス曲線が F_0 の線として描かれています。ここで，総需要の増加により名目賃金が上昇すると，当初は物価の変化に対する期待が不正確なために労働者は名目賃金の上昇を実質賃金の上昇と錯覚して労働供給を増大させることになります。そのために，失業率は U_n から U_1 へと減少

図21-4　予想物価上昇率とフィリップス曲線のシフト

します。

　しかし，その錯覚に気づき物価上昇率がπ_1であったことに気づきますと，労働者が実質賃金を現在の水準に維持するにはπ_1の賃上げが必要となります。そこで，予想物価上昇率をゼロからπ_1^eへと改訂することになります。その結果，フィリップス曲線は予想物価の上昇率分だけF_1へと上方にシフトすることになりますので，自然失業率U_nの水準でπ_1を通る線F_1となります。

　結局，実質賃金が上昇しなかったために，労働供給ももとの水準に戻りますので，失業率の水準はU_nにとどまり，物価だけがπ_1に上昇することになります。失業とインフレに関するこのような説明を**自然失業率仮説**といいます。

そうなんだ！

自然失業率を求めることができるのか？

　伊藤元重教授は『マクロ経済学』（日本評論社，PP.231－233）のなかで，自然失業率の求め方をわかりやすく説明しています。

　今，就職者数をe，失業者数をuとすると，労働者数（n）は

$$n = e + u \qquad \cdots\cdots ①$$

となります。①の両辺をnで割ると $n = \dfrac{e}{n} + \dfrac{u}{n}$ となりますから，$\dfrac{u}{n}$ が失業率となります。さらに，毎期離職する比率をq，就職する比率をfとすると，離職者数はq×e，再就職者数はf×uで表せます。

　そこで，労働市場が構造的に安定している失業率を自然失業率と定義することができますので，自然失業率は，

$$q \times e = f \times u \qquad \cdots\cdots ②$$

が成り立つときの失業率となります。ここで，②式から，

$$\dfrac{q}{f} = \dfrac{u}{e} \qquad \cdots\cdots ③$$

となります。失業率は失業者数（u）を労働者数（e＋u）で割った値ですから，

$$\text{自然失業率}(u_0) = \dfrac{u}{e+u} \qquad \cdots\cdots ④$$

となります。さらに，④式の右辺 $\dfrac{u}{e+u}$ をeで割りますと，自然失業率u_0は，

$$u_0 = \frac{\frac{u}{e}}{1+\frac{u}{e}} \qquad \cdots\cdots ⑤$$

ここで，⑤式に③式を代入して整理すると⑥式が得られます。⑥式から，自然失業率は（u_0）は，

$$u_0 = \frac{\frac{q}{f}}{1+\frac{q}{f}} = \frac{q}{q+f} \qquad \cdots\cdots ⑥$$

で求められます。

さらに，⑥式から<u>再就職率（f）が高いほど，離職率（q）が低いほど，自然失業率（u_0）は低くなる</u>ことがわかります。

演 習

〔設問〕自然失業率仮説に関する説明文のうち，正しいものはどれか。
(1) マネタリストによれば，総需要管理政策によって失業率を自然失業率以下にすることは，短期的にも長期的にも不可能である。
(2) 自然失業率仮説は，短期フィリップス曲線が垂直であることを前提としている。
(3) 自然失業率は，労働市場のマーケット・メカニズムによって労働需給の一致する点での失業率である。
(4) マネタリストによれば，自然失業率仮説に基づき，フィリップス曲線が右下がりとなるのは，人々がインフレを正しく予想する場合である。

【解答・解説】

《 正解は(3) 》

マネタリストによれば，失業率の水準は労働市場における実物的諸要因によって決定されるということであり，その場合，マーケット・メカニズムによっ

て需給が一致する点でもたらされる失業率を自然失業率とよんでいる。

　失業と物価のトレード・オフが成り立つ短期フィリップス曲線のもとで，失業率を低下させるために需要拡大策がとられると，それによって生じる物価上昇が正しく予想されない短期においては，企業は物価上昇を自己の製品価格の上昇と錯覚して労働需要を増大させる。他方，労働者も労働需要の結果として生じる貨幣賃金の上昇を実質賃金の上昇として受け取るために労働供給を増加させる。それゆえ，一時的には失業率が低下する。

　しかし，企業も労働者も物価水準の上昇に気づき，現実のインフレ率と予想インフレ率が一致する時点で労働需給を元の水準に減少させるので，失業率は元の自然失業率に戻ることになる。この自然失業率が高いと政府が判断し，再度需要拡大策をとると，前述のプロセスが繰り返されることになる。結果として，失業率は自然失業率のままで，インフレ率だけが上昇することになる。これは，予想インフレ率の上昇に伴って短期フィリップス曲線が右上方にシフトしていく過程とみることができる。このようにして，インフレ率の予想と現実が一致する長期においては，フィリップス曲線が垂直になる。

索　引
INDEX

A–Z

- AD 曲線 …………………………169
- DI …………………………………14
- GDE …………………………7, 18
- GDP …………………………………2
- ────デフレーター …………24, 26
- GNP …………………………………8
- IS 曲線 …………………………130
- $IS-LM$ モデルの均衡解 …………138
- LM 曲線 …………………………134
- NDP …………………………………8
- NI …………………………………13
- PI …………………………………14

ア

- インプリシット・デフレーター……26
- インフレ・ギャップ ………………54
- 受け超 ………………………………95

カ

- 外国貿易乗数 ………………………67
- 外需 …………………………………19
- 開放体系 ……………………………64
- ────下の均衡国民所得決定式 …67
- 家計 …………………………………1
- 可処分所得 ……………………14, 55
- 加速度係数 …………………………85
- 加速度原理 …………………………84
- 価値尺度機能 ………………………89
- 価値保蔵機能 ………………………89
- 貨幣 …………………………………89
- ────需要の利子非弾力性 ……147
- ────賃金率の下方硬直性 ……161
- ────の流通速度 …………………111
- 間接税 ………………………………13
- 機会費用 ……………………………100
- 企業 …………………………………1
- ────所得 ……………………12, 13
- 帰属計算 ……………………………5
- 基礎消費額 …………………………43
- 行（横）……………………………30
- 寄与度 ………………………………19
- 寄与率 ………………………………19
- 均衡国民所得 ………………………46
- 均衡予算乗数の定理 ………………58
- 均衡利子率 …………………………118
- クラウディング・アウト効果 …146, 149
- 経済主体 ……………………………1
- 経済循環 ……………………………2
- ケインズの投資決定論 ……………81
- ケインズ・ルート …………………157
- 決定ラグ ……………………………151
- 限界消費性向 ………………………42

限界租税性向･････････････････59
限界貯蓄性向･････････････････45
限界輸入性向･････････････････67
現金通貨･････････････････････90
現金・預金比率･････････････100
建設国債･･･････････････････152
ケンブリッジ現金残高方程式････112
効果のラグ･････････････････151
交換手段･････････････････････89
広義流動性･･･････････････････91
公債の富効果････････････147, 148
恒常所得仮説･････････････････75
国内純生産････････････････････8
国内総支出････････････････7, 18
国内総生産････････････････････2
国民所得･････････････････････13
国民総所得････････････････････9
国民総生産････････････････････8
個人所得･････････････････････14
コスト・プッシュ・インフレーション･･･178
古典派のケース･････････････158
雇用者報酬･･･････････････････12

サ

財産所得･･･････････････････12, 13
財市場と貨幣市場の同時均衡･････137
最終財････････････････････････7
最終需要･･････････････････････7
財政の硬直化･･･････････････152
産業連関表･･･････････････････30
三面等価の原則････････････････7
資金不足部門･･･････････････123
資金余剰部門･･･････････････123
資産貨幣需要･･･････････････113
自然失業率仮説･････････････194

失業保険制度･････････････････60
実行のラグ･････････････････151
実質国内総生産･･･････････････24
質への逃避現象･････････････100
支払手段･････････････････････89
資本係数･････････････････････84
資本財の需要価格･････････････82
資本ストック調整原理･････････85
準通貨･･･････････････････････90
純付加価値････････････････････8
乗数･････････････････････････49
消費関数･････････････････････42
所得決定の総需要アプローチ････46
所得決定の貯蓄・投資アプローチ･･48
所得効果･･･････････････････157
伸縮的賃金政策･････････････161
真正インフレーション･･･････177
信用創造･････････････････････92
　　　――乗数･････････････････93
政府･･････････････････････････1
　　　――支出乗数･･･････････57
　　　――を含む均衡国民所得の決定式･･･56
世代間の不公平･････････････152
絶対所得仮説････････････････43, 73
総供給･･･････････････････････37
　　　――曲線（AS曲線）･････171
総需要･･･････････････････････37
　　　――管理政策･･･････････55
　　　――曲線･････････････169
相対所得仮説･････････････････74
租税関数･････････････････････59
租税乗数･････････････････････57

タ

第1公準･･･････････････････171

第2公準 …………………………171
貯蓄関数 …………………………44
積み増しする ……………………97
ディマンド・プル・インフレーション…177
デフレ・ギャップ ………………54
投資の限界効率 …………………82
──表 ……………………………83
投資の利子非弾力性 ……………141
投入係数 …………………………32
当年価格表示のGDP …………24
特例国債（赤字国債）…………153
トービンのq理論 ………………86
取引貨幣需要 ……………………113
取引動機に基づく貨幣需要 ……113

ナ

内需 ………………………………19
認知ラグ …………………………151
農産物価格支持制度 ……………61

ハ

ハイパワード・マネー …………92
パーシェ指数 ……………………25
歯止め効果（ratchet effect）……75
払い超 ……………………………95
半インフレーション ……………177
ピグー効果 ………………………161
ビルトイン・スタビライザー …60
フィッシャー効果 ………………157
フィッシャーの交換方程式 ……111
フィリップス曲線 ………………185
物価指数 …………………………24
──でデフレートする …………24
物価で修正されたフィリップス曲線 …185

不変価格表示のGDP …………24
フル・コスト原理 ………………188
分配国民所得 ……………………7
平均消費性向 ……………………43
平均貯蓄性向 ……………………44
補助金 ……………………………13
本源的預金 ………………………92

マ

マーシャルのk …………………112
マネタリー・ベース ……………92
マンデル・フレミング効果 ……149
名目国内総生産 …………………24

ヤ

有効需要の原理 …………………39
輸入浸透度 ………………………149
輸入の所得弾力性 ………………149
輸入誘発係数 ……………………68
輸入誘発効果 ……………………68
要素所得 …………………………1
要素費用表示の国民所得 ………14
預金通貨 …………………………90
予備的動機に基づく貨幣需要 …113

ラ

ライフ・サイクル仮説 …………77
ラスパイレス指数 ………………27
リカードの等価定理 ……………149
利鞘 ………………………………97
流動性 ……………………………112
──効果 …………………………157
──選好関数 ……………………116
列（縦）…………………………30

《著者紹介》
石橋春男（いしばし　はるお）
　1967年　早稲田大学第一政治経済学部卒業
　1972年　早稲田大学大学院商学研究科博士課程修了
　現　在　日本大学商学部教授（大東文化大学名誉教授）

関谷喜三郎（せきや　きさぶろう）
　1973年　日本大学経済学部卒業
　1978年　日本大学大学院商学研究科博士課程修了
　現　在　日本大学商学部教授

《石橋・関谷共著・共訳》
『経済・金融・経営のための数学入門』（成文堂）
『マクロ経済と金融』（慶應義塾大学出版会）
『ジェヴォンズの経済学』（多賀出版）
『はじめて学ぶ金融論』（慶應義塾大学出版会）
『雇用・利子・収益率とジェラール曲線』（慶應義塾大学出版会）
『需要と供給』（創成社）

（検印省略）

2007年 5月25日	初版発行	
2008年 4月10日	二刷発行	
2010年10月20日	三刷発行	
2011年10月20日	四刷発行	
2015年 4月10日	五刷発行	略称―マクロ経済

マクロ経済学

　　　著　者　石橋春男・関谷喜三郎
　　　発行者　塚田尚寛

発行所　東京都文京区　　株式会社　創 成 社
　　　　春日2-13-1
　　　　電　話　03（3868）3867　　ＦＡＸ　03（5802）6802
　　　　出版部　03（3868）3857　　ＦＡＸ　03（5802）6801
　　　　http://www.books-sosei.com　　振　替　00150-9-191261

定価はカバーに表示してあります。

©2007 Haruo Ishibashi, Kisaburo Sekiya　組版：でーた工房　印刷：Ｓ・Ｄプリント
ISBN978-4-7944-3083-0 C3033　　　　　製本：カナメブックス
Printed in Japan　　　　　　　　　　　　　落丁・乱丁本はお取替えいたします。

―― 経済学選書 ――

マクロ経済学	石橋 春男／関谷 喜三郎	著	2,200円
需要と供給	ニコラス・タービー 著／石橋 春男・関谷 喜三郎 訳		1,500円
ミクロ経済学	関谷 喜三郎	著	2,500円
マクロ経済学＆日本経済	水野 勝之	著	2,500円
国際公共経済学 －国際公共財の理論と実際－	飯田 幸裕／大野 裕之／寺崎 克志	著	2,000円
福祉の総合政策	駒村 康平	著	2,800円
実験で学ぶ経済学	大塚 友美	著	2,600円
ボーダーレス化の政治経済学	大塚 友美	著	2,330円
日本の財政	大川 政三司／大森 誠司／江川 雅司／池田 浩史／久保田 昭治	著	2,800円
財政学	小林 威	編著	3,600円
韓国の地方税 －日本との比較の視点－	鞠 重鎬	著	2,000円
新生アルバニアの混乱と再生	中津 孝司	著	1,800円
経済用語の総合的研究	木村 武雄	著	2,000円
ポーランド経済 －体制転換の観点から－	木村 武雄	著	3,800円
経済体制と経済政策	木村 武雄	著	2,800円
国際経済学	多和田 眞／近藤 健児	編著	2,600円
企業金融の経済理論	辻 幸民	著	3,500円
多変量・統計解析の基礎	岡本 眞一	著	1,800円
経済分析のための統計学入門	原田 明信	著	2,400円
公共経済学	谷口 洋志	著	3,495円
米国の電子商取引政策	谷口 洋志	著	2,800円
イギリス経済思想史	小沼 宗一	著	1,700円

（本体価格）

―― 創成社 ――